AF252784

CORRIGÉ

DES AMPLIFICATIONS

FRANÇAISES.

IMPRIMERIE DE J. GRATIOT,

RUE DU FOIN SAINT-JACQUES, MAISON DE LA REINE BLANCHE.

CORRIGÉ

DES AMPLIFICATIONS

FRANÇAISES;

PAR M. FRANCIS LEVASSEUR,

EX-PRINCIPAL DE COLLÉGE.

> Je n'aime pour moi que des livres plaisants
> et faciles qui me chatouillent, ou ceux qui me
> consolent et conseillent à régler ma vie et ma
> mort.
>
> MONTAIGNE.

PARIS.

BELIN-MANDAR, LIBRAIRE,

RUE HAUTE-FEUILLE N° 13.

—

1825.

CORRIGÉ
DES AMPLIFICATIONS
FRANÇAISES.

PREMIÈRE PARTIE.

LE JEUNE CERF ET LE VIEUX.
FABLE.

Un vieux cerf, à qui la nature bienfaisante avait accordé plusieurs siècles de vie, disait un jour à un de ses petits-fils : Je me souviens très bien de ce temps où l'homme n'avait pas encore trouvé cette canne à feu qui lance le tonnerre.

Quel heureux temps pour notre espèce ! interrompit le jeune cerf en soupirant.

Doucement, dit le vieux : les temps étaient différents ; mais ils n'étaient pas meilleurs. L'homme avait alors un arc et des flèches, et nous nous en trouvions aussi mal qu'aujourd'hui du fusil.

(Traduit de Lessing.)

I

LE SOMMEIL DU MÉCHANT.

Je me promenais avec mon ami, pendant la grande chaleur du jour, sous un berceau d'arbres élevés, qui formaient une voûte de verdure impénétrable aux rayons du soleil; un ruisseau serpentait entre ces arbres, et entretenait la fraîcheur d'un gazon épais qui invitait à se reposer. Je vis le visir Karoun couché sur ce gazon; il dormait. Grand Dieu! disais-je, le souvenir des malheureux qu'il a faits ne trouble donc pas le sommeil de Karoun? Mon ami m'entendait, et me dit : Dieu accorde quelquefois le sommeil aux méchants, afin que les bons soient tranquilles.

(Traduit de SAADI, poëte persan.)

L'ENFANT ET LA GUÊPE.

FABLE.

Un joli petit garçon, plein d'agilité, qui laissait à peine sur la terre la trace de ses pieds, s'en allait sautillant au milieu d'un jardin, et folâtrait à travers les fleurs et les herbes. Une guêpe dorée, armée d'un dard aigu, se balançait sur ses ailes dans ce vert séjour, et voltigeait autour de ce jeune enfant. La beauté de sa couleur, l'or qui brille sur ce

frauduleux insecte, donne tout à coup à l'a-
vide enfant le desir de s'en rendre maître.
Aussitôt, courbant la main, il la tourne rapidement dans le vide de l'air, derrière l'animal bourdonnant; mais le coup tombe à faux,
et la guêpe vole loin de là : il la suit avec vi-
tesse; mais elle, agile et vive, fait mille et
mille tours dans l'air, jusqu'à ce que, fatiguée,
elle se repose au sein délicat d'une rose vermeille. Le petit bon homme ne la perd point
de vue ; il marche tout doucement et sans
bruit sur la pointe des pieds ; et, lorsqu'il
est tout près d'elle, il avance rapidement la
main, et serre à la fois la rose et la guêpe.
Celle-ci, irritée, tire aussitôt le dard aigu
qu'elle tenait caché, et perce d'une blessure
cuisante la tendre main du jeune imprudent.
Le pauvre petit, hors de lui, pousse des cris
au ciel en appelant du secours, et tombe à
terre presque évanoui.

Jeunes gens sans expérience, qui voulez
satisfaire un desir que vous ne connaissez pas
bien, apprenez qu'un poison se trouve souvent caché au sein des plaisirs les plus sé-
duisants.

(Traduit de Lorenzo Pignotti par M. J. Lepan.)

1.

LA PAIX.

La paix, la douce paix, les cheveux ornés de guirlandes et l'olivier à la main, incline sa corne d'abondance, et verse mille biens sur la terre.

Heureuse paix! tu viens soulager nos cœurs, et après les tempêtes de la guerre tu rends à nos champs une brillante culture. L'agricole, reconnaissant et transporté d'allégresse, se précipite avec justice au-devant de toi. Un feuillage vert ombrage son auguste chevelure; celui de l'olivier hospitalier, qui le défend du soleil, y mêle son ombre : il célèbre aussi des sacrifices qu'il renouvellera chaque année.

Paix bienfaisante, continue de lui prodiguer tes dons, et que ta propice influence embellisse et féconde les saisons.

(Traduit d'AscoLti, duc de Nepi.)

TRAIT DE SAGESSE D'UN BON PRINCE.

Ibrahim, prince du Schirvan, ne songeait qu'à y faire régner la justice et la paix, lorsqu'il apprit que Tamerlan, marchant à des conquêtes plus importantes, venait fondre en passant sur son petit état (1). Il ne vit aucun

(1) An de J. C. 1386.

moyen de résister à un ennemi si puissant, et il ne fut tenté, ni de mener ses sujets à la boucherie, ni de les abandonner lâchement, en mettant en sûreté sa personne et ses trésors. Il prit ce qu'il avait de plus précieux, et alla au-devant de ce conquérant terrible, prêt à lui livrer sa tête, si ses présens et ses soumissions ne pouvaient le fléchir. C'était un cérémonial établi à la cour de Tamerlan, que tous les présents qu'on lui offrait fussent, chacun dans son espèce, au nombre de neuf. Pour se conformer à cet usage, le prince de Schirvan lui offrit neuf chevaux arabes, avec leurs harnais garnis de perles; neuf léopards dressés pour la chasse, avec leurs colliers d'or émaillés; neuf tapis des Indes; et ainsi du reste : mais il ne présenta que huit esclaves. Où est le neuvième, demanda fièrement le monarque Tartare. Il est à tes pieds, répondit Ibrahim, en se prosternant. Tu vois en moi le plus fidèle de tes esclaves, et le plus content de son sort. Je sauve mon peuple, et j'obéis à Dieu en me soumettant à toi. Non, Ibrahim, s'écria Tamerlan; non, tu ne seras point mon esclave : tu seras mon ami, mon frère. Remonte sur ton trône, et que le peuple heureux que tu gouvernes

jouisse en paix de la sagesse et de ma protection.

(Bibliothèque orientale.)

LE PÉLICAN.

FABLE.

Les pères ne sauraient rien faire de trop pour les enfants bien nés ; mais qu'un père imbécile se tire le sang du cœur pour un fils indigne, cet excès d'amour dégénère en folie.

Un pélican, voyant ses petits dans le besoin, déchira sa poitrine avec son bec, et les abreuva de son sang. J'aime ta tendresse, lui cria un aigle, et je plains ton aveuglement. Vois combien de vils coucous tu as fait éclore avec tes petits !

La chose était vraie : le froid coucou avait mêlé ses œufs avec ceux du pélican. Ces oiseaux ingrats méritaient-ils que leur vie fût achetée à un tel prix.

(Traduit de LESSING.)

L'AVARICE DES DIFFÉRENTS AGES.

FABLE ORIENTALE.

Je rencontrai un jour dans l'allée des platanes qui bordent l'Euphrate près de Bagdad, un jeune homme que j'avais connu dans le

voisinage d'Alep. Il était enseveli dans une rêverie si profonde que j'eus de la peine à l'en
tirer. Ses regards étaient tristes et farouches;
il s'écriait : Oh ! pourquoi, pourquoi me montrer de l'amitié, puisqu'ils n'en avaient pas !
Il donna encore quelques signes de colère et
d'indignation, et il me dit : Vous avez vu le
vieux Benassar, le frère de ma mère, m'a-
vertir que je pourrais peut-être obtenir un emploi que ses amis s'offraient de demander pour
lui ; vous avez vu le jeune Obide me donner
de l'argent pour faire mon voyage. Eh bien !
peu de temps après mon arrivée ici, Obide,
malgré notre amitié, sollicite pour lui l'emploi que je viens demander : je l'obtiendrais
peut-être, si je pouvais rester plus long-temps
à Bagdad; mais je n'ai plus d'argent, et le
vieux Benassar ne veut pas m'en donner.
Oh! pourquoi me montrer de l'amitié, puisqu'ils n'en avaient pas.

Ils ne t'ont pas trompé, lui dis-je, mais ils
ont fait pour toi moins que tu ne l'as pensé.
Obide est jeune, et il ne t'avait donné que
son argent; Benassar est vieux, il ne t'avait
sacrifié que ses espérances : à l'âge d'Obide,
on est avare de ses espérances; à l'âge de Benassar, on est avare de son argent. Le vieil-

lard est riche de ce qu'il possède, et le jeune homme de ce qu'il espère.

(Traduit de Saadi.)

LE MILAN ET L'AIGLE.

FABLE.

Jadis existait un milan, le plus hardi de son espèce, qui jusqu'alors n'avait fait la guerre qu'à de faibles colombes. Mais enfin, dédaignant ces timides oiseaux, il s'attache à l'aigle, et le harcelle à coups redoublés. L'aigle méprise d'abord ses insultes insensées, et n'en continue pas moins sa route à travers les nues. De retour, le téméraire milan revient à la charge, et lui arrache une plume, qu'il porte dans son bec comme un trophée. Alors l'aigle irrité le saisit, et, lui faisant grace de la vie, le laisse sans plumes sur un rocher. Que fera-t-il en cet état? Il rougit de survivre à sa défaite, et cependant sa fierté ne l'abandonne pas; quoique nu et transi de froid, il songe à se venger. Il cherche un abri, s'y nourrit de vers; là, il entretient ses forces, et repaît sa colère, jusqu'à ce que sa vigueur et ses plumes reviennent. Ce jour si desiré arrive enfin; alors il prend l'essor, et brûle du desir de combattre son ennemi, sinon par la force,

au moins par la ruse ; car, souvent la ruse est
la ressource du courage vaincu. Non loin de
là était un pont miné par les années et le
choc des eaux ; une ouverture se formait au
milieu des planches pourries. Ce lieu lui paraît propre à tendre un piége, et il le destine
à devenir le théâtre de sa vengeance.

Il passe d'abord par cette ouverture sa tête
et ses pattes, et, l'ayant reconnue suffisante
pour y passer tout son corps, il essaie de la
traverser doucement, recommence ensuite
en s'y plongeant d'un vol rapide ; et, après s'en
être assuré par des épreuves réitérées, il s'é-
lève dans les airs cherchant son vainqueur, il
va droit à sa rencontre. L'aigle indigné fond
sur lui, prêt, ou à le dépouiller une seconde
fois, ou à lui donner la mort qu'il méritait ;
le traître fuit vers l'ouverture qu'il connaissait,
et à peine l'a-t-il traversée, que l'aigle, aveuglé
par la colère et par l'espérance prochaine de
saisir sa proie, se précipite dans cette ouverture, s'embarrasse, et, malgré les vains efforts
de ses ailes, se trouve arrêté par le milieu du
corps. Le milan accourt aussitôt, et, usant de
représailles, il arrache les plumes de l'aigle
infortuné, et se retire après s'être vengé.

LA MATINÉE D'AUTOMNE.

Déjà les premiers rayons de l'aube matinale doraient la cime des montagnes et annonçaient le plus beau jour d'automne, lorsque Milon se mit à sa fenêtre; déjà le soleil brillait à travers les pampres dont la verdure, mêlée de jaune et de pourpre, formait au-dessus de la fenêtre un berceau de feuillage qu'agitait doucement le souffle léger des vents du matin. Le ciel était serein : une mer de brouillard couvrait la vallée : semblables à des îles, les collines les plus hautes, avec leurs cabanes fumantes et la parure bigarrée de l'automne, s'élevaient du sein de cette mer à la clarté du soleil : les arbres, chargés de fruits mûrs, offraient à l'œil le mélange piquant de mille nuances de jaune et de pourpre avec quelques restes de verdure. Milon, dans un doux ravissement, laissait errer ses regards sur cette vaste contrée. Tantôt au loin, tantôt plus près, il entendait le bêlement joyeux des brebis, les flûtes des bergers, et le gazouillement des oiseaux, qui, tour à tour, se poursuivaient dans le vague des airs, ou se perdaient dans le brouillard de la vallée. Plongé dans une rêverie profonde, il resta long-temps immobile ; mais soudain, transporté d'un saint enthousiasme, il prit sa lyre, qui était suspendue au mur, et chanta ainsi :

« Puis-je, ô dieux ! puis-je exprimer mes transports et ma reconnaissance par des chants dignes de vous ? La nature épanouie brille dans toute sa beauté; ses richesses se répandent avec profusion. Partout règne la joie et la gaieté. Le bonheur de l'année sourit dans nos vignes et dans nos vergers. Qu'elle est belle toute cette contrée ! qu'elle est belle dans la parure bigarrée de l'automne ! »

Heureux celui dont le cœur pur n'est rongé d'aucun remords ; qui, satisfait de sa fortune, goûte le bonheur de faire du bien ! La sérénité du matin le réveille, et l'invite à la joie. Ses jours sont pleins de charmes, et la nuit vient le surprendre dans les bras du sommeil le plus doux. Son ame est toujours ouverte aux impressions du plaisir. La beauté variée des saisons l'enchante, et lui seul jouit de tous les trésors de la nature......

(Gessner.)

LE VOYAGEUR ET LE COLIBRI.

FABLE.

Un homme qui ne s'ennuyait jamais de courir le monde, et qui s'était fait des amis à Londres, à Surate, à Rome, en Laponie, à Paris, à Tripoli, et au Japon; cet homme, dis-je, voulut aussi voir l'Amérique, et n'eut point de joie qu'il ne fût arrivé dans le Nouveau-Monde. On doit être un peu fatigué d'une pareille promenade. Notre voyageur, accablé de lassitude, trouva un cocotier, sous lequel il se coucha, dans le dessein de se reposer à l'ombre. Mais à peine les pavots d'un sommeil léger l'avaient assoupi, qu'il fut éveillé en sursaut par un bourdonnement singulier, et qu'un si brusque réveil lui fit paraître effroyable. Il se lève en chancelant, il saisit son fusil, il regarde, il examine; le cœur lui bat; il se prépare à quelque aventure. Enfin, n'apercevant rien, il tire au hasard dans les branches touffues de l'arbre, d'où il croit avoir entendu partir le tintamarre qui l'avait alarmé. Alors il en vit sortir un oiseau gros comme un hanneton, dont les ailes dorées étaient peintes des couleurs de l'arc-en-ciel. Comment! chétif moucheron, s'écria le voyageur, c'est donc toi qui fais tout ce vacarme?—Tu n'es qu'un sot, répondit le colibri; il n'y a pas là de quoi t'étonner. Apprends que, parmi les oiseaux comme chez les hommes, le plus faible et le moins à craindre est toujours celui qui fait le plus de bruit.

(Traduit de LICHTWEHR.)

LETTRE DE MARMONTEL A M * * *,

SUR LA CÉRÉMONIE DU SACRE DE LOUIS XVI.

Reims, le 11 juin 1775.

Je n'ai su, mon ami, à quoi je m'engageais, quand j'ai promis de vous décrire la cérémonie auguste dont j'allais être le témoin. Tout ce qui n'intéresse que l'imagination peut se peindre; mais ce qui touche et pénètre l'ame, comment le retracer? Cela n'est pas possible : il faut le voir pour en jouir. On croit se faire une assez haute idée de cette pompe solennelle, de cette fête en même temps politique et religieuse, dans laquelle, en face du ciel et de la nation, le monarque vient imprimer un caractère plus sensible et plus inviolable encore à ses devoirs et à ses droits. On se représente un jeune roi, déjà connu pour vouloir le bien et pour s'en occuper sans cesse ; reçu partout, comme l'objet de l'espérance de ses peuples : on le suit des yeux sur la route ; dans les villes, dans les campagnes, on l'entend louer et bénir. A Reims, cent mille de ses sujets l'attendent ; il y paraît dans tout l'éclat de sa majesté ; cette multitude l'entoure et se presse autour de son char ; l'air retentit sur son passage d'acclamations et de vœux : jusques là tout est simple et juste. On peut s'imaginer encore la cordialité des Reimois, leur empressement à remplir les devoirs de l'hospitalité, dont leur zèle passe les bornes : cette émulation louable n'est que l'effusion de la joie ; il est si naturel à l'homme heureux de desirer que tout soit heureux avec lui ! On n'est plus surpris de la magnificence d'une ville qui met sa gloire à recevoir son roi, à le posséder dans son sein ; et, quoiqu'il soit rare de voir, dans une si grande affluence, l'ordre, le calme, la police la plus tranquille et la plus sûre, l'abondance de tout, et, dans l'enivrement de la félicité publique, une vigilance si sage , que, sans gêner la liberté, elle prévient toute licence, on ne voit là qu'un bel exemple ; en l'admirant, on le conçoit.

Qu'est-ce donc, allez-vous me dire, qui passe la croyance et l'imagination ? Est-ce la pompe même de la cérémonie ? Non, mon ami : l'objet l'annonce ; et bien que, dans le temple le plus majestueux, décoré d'un goût sage et noble, on ait vu réuni tout ce que le trône et l'autel, la noblesse et le sacerdoce, l'église, la cour et l'état, ont de plus respectable et de plus imposant ; bien que, dans cette auguste et nombreuse assemblée, un prélat, jeune encore, et déjà distingué, ait osé faire entendre au Roi le langage austère et sensible de la vérité courageuse, de l'humanité gémissante ; ni ce prélude, digne de la solennité dont il portait le caractère, ni cette solennité même, dans sa religieuse splendeur, n'auraient été l'objet de votre étonnement.

Vous auriez vu notre bon Roi (car un seul an de règne lui a mérité ce titre), vous l'auriez vu, avec cet air de simplicité qui peint la candeur de son ame, sans faste, sans ostentation, sans apparence de vaine gloire, au milieu d'une pompe si propre à éblouir, y conserver cette dignité sage qui est la décence de son rang : mais vous ne savez pas combien la vanité le blesse ; il n'a fait que se ressembler. Qu'ai-je donc à vous dire encore ? Ce qu'il est impossible, je le répète, d'imaginer et de décrire ; l'impression soudaine et profonde qu'a faite sur tous les esprits le moment où, les pairs de France venant de placer de leurs mains et de soutenir sur la tête de Louis XVI la couronne de Charlemagne, le roi s'est montré tout à coup accompagné de ce noble cortége, sur une tribune exhaussée, séparant le chœur de la nef où son trône était élevé, et qu'il s'est assis sur ce trône entre sa noblesse et son peuple. Représentez-vous ce tableau.

A peine le bruit des trompettes, des cloches, et de l'artillerie, annonce le couronnement; les portes s'ouvrent, le peuple à flots pressés inonde cette église immense, et dans l'instant fait retentir les voûtes d'un concert de *vive le roi*, que répète en écho la multitude des assistants, dont toute l'enceinte du chœur est remplie en amphithéâtre. Ces cris mille fois renvoyés du fond du sanctuaire au-delà du parvis font taire les chants de l'église, absorbent le son des trompettes, couvrent le bruit des cloches et celui du canon. C'est alors qu'un attendrissement inexprimable a saisi toute l'assemblée, et que les larmes ont coulé; c'est alors que, toutes les voix étouffées par les sanglots, un mouvement involontaire a excité des battements de mains qui, dans l'instant, sont devenus universels. Les grands, la cour, le peuple, animés du même transport, n'ont eu que la même manière de s'exprimer. L'ivresse était au comble, et ce n'a plus été qu'une alternative rapide d'acclamations et d'applaudissements. Ces marques éclatantes de joie et de tendresse ont redoublé dans le moment que les frères du roi et les princes de son sang, qui représentaient les anciens pairs laïcs, s'avançant jusqu'aux pieds du trône, ont reçu du roi le baiser de paix. Le vœu de la nation pour une concorde si précieuse a été marqué par le plus unanime et le plus doux transport. Enfin, dans tout ce qu'on a pu entendre des hymnes de l'église, il n'y a pas un seul mot susceptible d'allusion aux vertus du roi, à l'amour de son peuple, à la prospérité de son règne, qui n'ait été saisi et relevé par des cris de *vive le roi*.

Oublierais-je, dans ce tableau, ce qu'il y a eu de plus touchant? La reine, qui avait suivi des yeux tous les détails de la cérémonie avec le plus tendre intérêt, immobile, attentive et respirant à peine, ne perdant pas le roi de vue un seul instant, soutenait son émotion, et se soulageait par les larmes : mais, au moment du grand éclat de l'allégresse universelle, à ce moment du plus beau triomphe qu'ait jamais décerné l'amour, l'impression a été trop forte, elle n'a pu y résister ; et, obligée de sortir pour respirer, elle a perdu quelques instants du plus beau jour de sa vie. Cette scène touchante n'a fait que redoubler l'enthousiasme de l'assemblée ; et, quand la reine a reparu, la nation a rempli le plus cher des vœux de son roi, et l'a fait jouir à son tour de l'hommage adressé aux vertus de sa reine.

Le roi a été accompagné jusqu'à son palais par de nouvelles acclamations. Il a paru sensiblement touché des marques d'amour de son peuple. Quel nouveau gage pour la France, des soins qu'il prend de son bonheur ! Après son dîner, le roi ayant appris que le peuple, assemblé aux portes du palais, desirait le voir encore, a fait annoncer qu'il allait se promener dans la galerie qui du palais conduit au vestibule de l'église. Le peuple de lui-même s'est rangé en deux haies sous le portique. Le roi s'est avancé, sans gardes, sans cortége, et, seul avec la reine, s'est promené long-temps au milieu de la foule, se laissant toucher par les uns, prêtant l'oreille aux vœux des autres, y repondant avec bonté ; s'arrêtant même avec complaisance, si quelqu'un voulait lui parler ; donnant à tous, par ses regards, des témoignages de son amour. Cette popularité si touchante n'a pas surpris la ville de Reims ; elle lui était annoncée par une réponse du roi, lorsqu'on lui avait demandé si l'on tapisserait, selon l'ancien usage, les rues par lesquelles sa majesté devait passer. *Point de tapisserie*, avait répondu le roi ; *je ne veux rien qui empêche le peuple et moi de nous voir.*

Ainsi s'est passé, mon ami, ce spectacle auguste et sublime. Avouez que voilà un beau jour à consacrer dans l'histoire.

L'ABÉNAKI.

Pendant les dernières guerres de l'Amérique, une troupe de sauvages abénakis défit un détachement anglais ; les vaincus ne purent échapper à des ennemis plus légers qu'eux à la course, et acharnés à les poursuivre : ils furent traités avec une barbarie dont il y a peu d'exemples, même dans ces contrées.

Un jeune officier anglais, pressé par deux sauvages qui l'abordaient la hache levée, n'espérait plus se dérober à la mort : il songeait seulement à vendre chèrement sa vie. Dans le même temps, un vieux sauvage, armé d'un arc, s'approche de lui et se dispose à le percer d'une flèche : mais, après l'avoir ajusté, tout d'un coup il abaisse son arc, et court se jeter entre le jeune officier et les deux barbares qui allaient le massacrer : ceux-ci se retirent avec respect. Le vieillard prit l'Anglais par la main, le rassura par ses caresses et le conduisit à sa cabane, où il le traita avec une douceur qui ne se démentit jamais : il en fit moins son esclave que son compagnon; il lui apprit la langue des Abénakis, et les arts grossiers en usage chez ces peuples. Ils vivaient fort contens l'un de l'autre : une seule chose donnait de l'inquiétude au jeune Anglais; quelquefois le vieillard fixait les yeux sur lui, et, après l'avoir regardé, il laissait tomber des larmes. Cependant, au retour du printemps, les sauvages reprirent les armes, et se mirent en campagne. Le vieillard, qui était encore assez robuste pour supporter les fatigues de la guerre, partit avec eux, accompagné de son prisonnier. Les Abénakis firent une marche de plus de deux cents lieues à travers les forêts; enfin ils arrivèrent à une plaine, où ils découvrirent un camp anglais. Le vieux sauvage le fit voir au jeune homme en observant sa contenance.

Voilà tes frères, lui dit-il ; les voilà qui nous attendent pour nous combattre. Ecoute : je t'ai sauvé la vie ; je t'ai appris à faire un canot, un arc, des flèches, à surprendre l'original dans la forêt, à manier la hache, et à enlever la chevelure à l'ennemi. Qu'étais-tu, lorsque je t'ai conduit dans ma cabane ? Tes mains étaient celles d'un enfant, elles ne servaient ni à te nourrir ni à te défendre ; ton ame était dans la nuit ; tu ne savais rien : tu me dois tout. Serais-tu assez ingrat pour te réunir à tes frères, et pour lever ta hache contre nous ? L'Anglais protesta qu'il aimerait mieux perdre mille fois la vie que de verser le sang d'un Abénaki.

Le sauvage mit les deux mains sur son visage en baissant la tête ; et, après avoir été quelque temps dans cette attitude, il regarda le jeune Anglais, et lui dit d'un ton mêlé de tendresse et de douleur : «As-tu un père ?— Il vivait encore, dit le jeune homme, lorsque j'ai quitté ma patrie. — Oh ! qu'il est malheureux, s'écria le sauvage ! » Et, après un moment de silence, il ajouta : « Sais-tu bien que j'ai été père..... Je ne le suis plus. J'ai vu mon fils tomber à mon côté, je l'ai vu mourir en homme : il était couvert de blessures, mon fils, quand il est tombé. Mais je l'ai vengé...... Oui, je l'ai vengé. » Il prononça ces mots avec force : tout son corps tremblait ; il était presque étouffé par des gémissements qu'il ne voulait pas laisser échapper ; ses yeux étaient égarés, ses larmes ne coulaient pas. Il se calma peu à peu, et se tournant vers l'orient, où le soleil allait se lever, il dit au jeune Anglais : « Vois-tu ce beau ciel resplendissant de lumières ! as-tu du plaisir à le contempler ? — Oui, dit l'Anglais, j'ai du plaisir à regarder ce beau ciel. — Eh bien !.... je n'en ai plus, dit le sauvage, en versant un torrent de larmes. » Un moment après, il montre au jeune homme un manglier qui était en fleurs. « Vois-tu ce bel arbre ? as-tu du plaisir à le regarder ? — Oui, j'ai du plaisir à le regarder ? — Je n'en ai plus, reprit le sauvage avec précipitation ; et il ajouta tout de suite : Pars, va dans ton pays, afin que ton père ait encore du plaisir à voir le soleil qui se lève, et les fleurs du printemps. »

(De Saint-Lambert.)

LE VOYAGE DE LA MECQUE.

FABLE ORIENTALE.

Je faisais le voyage de la Mecque avec une troupe de jeunes gens aimables ; j'admirais leur gaieté, leur sensibilité, leur penchant au plaisir et à la vertu: ce caractère me charmait, et cette société me rappelait aux sentiments agréables et aux pensées de la jeunesse. Ils chantaient, tantôt les charmes de l'amitié, tantôt ceux de la bienfaisance, et l'auteur de la nature; ils se trouvaient comblés de ses bienfaits, et ils étaient heureux avec reconnaissance. Il se joignit à nous un santon de la montagne de Petra : il cherchait à placer quelque satire de la nature humaine et du plaisir ; les cris de joie le révoltaient, notre bienveillance pour lui l'effarouchait. La seule marque d'intérêt qu'il nous donna fut de prier à haute voix l'être suprême de nous tirer promptement de notre ivresse. Un jour que nous approchions du hameau qu'habite la famille de Jakias, fils d'Hélal, nous vîmes accourir vers nous des enfants et des jeunes filles qui nous apportaient, en chantant et en dansant, des fruits, du laitage, et du pain : on voyait le plaisir dans leurs yeux; et leur joie était semblable à la nôtre.

On était dans la saison où le soleil entre dans le signe du bélier; les feuilles de roses avaient écarté les filets verts qui les enveloppaient, et les rameaux des grenadiers en fleurs éclataient comme le feu : le soleil allait se coucher, et ses rayons étaient déjà interceptés par les montagnes de l'occident. Nous vîmes des troupeaux qui revenaient à l'étable en bondissant; des jeunes gens les conduisaient : les uns jouaient de la cornemuse, d'autres chantaient. Les oiseaux de la campagne n'avaient point encore cessé leurs chants, et le rossignol avait commencé les siens.

Je jetai mes regards sur le santon farouche : il était morne au milieu de cette allégresse universelle; il arrachait pour son souper quelques racines insipides, et se disposait à passer la nuit sur le sable. Je lui dis : Malheureux ennemi de l'homme, ennemi de toi-même, es-tu sourd à la voix du plaisir qui retentit dans toute la nature? Peux-tu entendre sans émotion les chants de ces jeunes gens satisfaits, et l'alouette qui descend des cieux en répétant ses airs gais, et le rossignol qui a commencé sa chanson voluptueuse et tendre? Ne sens-tu pas que leur chant dit qu'ils sont heureux? Ne vois-tu pas les bonds légers des beliers, et les mouvements de ces chameaux qui s'égayent sous le fardeau qui les couvre? De quelle espèce es-tu donc, si tu ne partages pas le sentiment de tout ce qui respire? Regarde ces arbres utiles, vois le zéphyr agiter leurs branches fleuries; il n'imprime aucun mouvement au rocher, auquel ressemble ton cœur aride et dur. O! si tu n'aimes pas le plaisir, quel motif as-tu donc de faire le bien? Porte tes yeux autour de toi, vois ces campagnes fertiles, ces cieux et ces mers. Qu'est-ce que le monde? L'ouvrage d'un Dieu bon. Quel hommage exige de toi sa bonté? Ton plaisir et une action de grâces. Quel devoir t'impose sa bonté? Le plaisir des autres. *Jouis, voilà la sagesse; fais jouir, voilà la vertu.*

* * *

TRAIT D'ÉLOQUENCE D'UN ABÉNAKI.

Des missionnaires voulurent engager les Abénakis de Saint-François et de Bekancourt, sous prétexte de les éloigner du commerce des *Français*, et de les dégoûter des liqueurs fortes, à transporter leurs habitations sur les bords de la Belle-Rivière; mais les Abénakis ne voulurent jamais consentir à cette transmigration. Les missionnaires, pour les y forcer, leur refusèrent les sacrements et même l'entrée de l'église. A la bonne heure, disait un de ces Indiens au principal missionnaire, tu es le père de la prière; les prières, les sacrements, et même l'entrée de l'église, t'appartiennent: mais c'est nous qui avons bâti la maison; elle est à nous, et nous allons t'en fermer la porte. Jérome, chef du village, présenta à ce sujet un mémoire à M. de Vaudreuil, conçu en ces termes : « Moi, Jérome, chef du village des Abénakis, représente à toi, mon père, que les robes noires veulent nous faire quitter notre natte, et transporter ailleurs le feu de notre conseil : cette terre que nous habitons est à nous; ce qu'elle produit est le fruit de nos peines; fais-la fouiller, tu trouveras dans ses entrailles les ossements de nos pères : faudra-t-il donc que les ossements de nos pères se lèvent du sein de cette terre pour nous suivre dans une terre étrangère ? »

(De Saint-Lambert.)

LE POËTE RECONNAISSANT.

Fadhel-ben-Jahia, favori du calife Haroun-al-Raschid, rassembla un jour tous ses amis, pour célébrer la naissance de son fils. Le poëte Mahammed Demeschki, récita des vers qu'il venait de composer sur cet heureux événement. Le favori du commandant des croyans fut si enchanté de ces vers, qu'il fit donner dix mille écus à Mahammed. Quelques années après, Fadhel fut digracié et dépouillé de ses biens. Le poëte Mahammed vivait fort retiré à la campagne. Dans un voyage qu'il fit à Bagdad pour des affaires, il se rendit au bain, selon la coutume des musulmans. On lui donna, pour le servir, un jeune garçon fort bien fait. Tandis qu'il se baignait, les vers qu'il avait faits pour le fils de Fadhel se retracèrent à son esprit, et il les chanta. Tout à coup, le jeune garçon tombe sans connaissance, comme frappé par la foudre. Mahammed sort du bain, il appelle le maître pour lui aider à donner les plus prompts secours à ce jeune homme. Celui-ci ayant enfin repris ses sens, pria Mahammed de lui dire quel était l'auteur des vers qu'il venait de chanter. « Moi, répondit le poëte : je les composai pour le fils de Fadhel. — Pour le fils de Fadhel! répliqua douloureusement le jeune homme. Savez-vous bien où il est maintenant ce fils de Fadhel? Hélas, il est devant vous. Vos vers m'ont rappelé mon ancienne fortune; la tristesse s'est emparée de mon ame; et je suis tombé accablé de douleur...» Mahammed, touché de la plus vive compassion pour le fils d'un homme à qui il devait sa fortune, lui dit : « Infortuné jeune homme, fils du plus généreux des mortels, vous voyez que je suis déjà vieux : je n'ai point d'héritiers : venez avec moi chez le cadi ; je vais, dès ce moment vous passer une donation de tout mon bien après ma mort. » Le jeune Fadhel répondit en versant des larmes : « A Dieu ne plaise que je reprenne ce que mon père vous a donné, jouissez de cette fortune que vous êtes digne de posséder. » Après bien des instances réitérées, Mahammed fit consentir le jeune Fadhel à l'accompagner dans sa retraite, et lui assura tout le bien qu'il possédait.

DES GRACES.

Il y a quelquefois dans les personnes ou dans les choses un charme insensible, une grâce naturelle qu'on n'a pu définir, et qu'on a été forcé d'appeler le *Je ne sais quoi.*

Il me semble que c'est un effet principale-
ment fondé sur la surprise. Nous sommes touchés de ce qu'une personne nous plaît plus
qu'elle ne nous a paru d'abord devoir nous
plaire, et nous sommes agréablement surpris
de ce qu'elle a su vaincre des défauts que nos
yeux nous montrent, et que le cœur ne croit
plus.

Voilà pourquoi les femmes laides ont souvent des grâces, et qu'il est rare que les belles
en aient; car une telle personne fait ordinairement le contraire de ce que nous avions
attendu; elle parvient à nous paraître moins
aimable; après nous avoir surpris en bien,
elle nous surprend en mal. Mais l'impression
du bien est ancienne, celle du mal nouvelle;
aussi les belles personnes font-elles rarement
les grande passions, presque toujours réser-
vées à celles qui ont des grâces, c'est-à-dire,
des agrémens que nous n'attendions point, et
que nous n'avions pas sujet d'attendre.

Les grandes parures ont rarement de la
grâce, et souvent l'habillement des bergères
en a. Nous admirons la majesté des drape-
ries de Paul Véronèse; mais nous sommes
touchés de la simplicité de Raphaël et de
la pureté du Corrège. Paul Véronèse promet

beaucoup et paye ce qu'il promet; Raphaël et le Corrège promettent peu et payent beaucoup, et cela nous plaît davantage.

Les grâces se trouvent plus ordinairement dans l'esprit que dans le visage; car un beau visage paraît d'abord, et ne cache presque rien : mais l'esprit ne se montre que peu à peu, que quand il veut, et autant qu'il veut; il peut se cacher pour paraître, et donner cette espèce de surprise qui fait les grâces.

Les grâces se trouvent moins dans les traits du visage que dans les manières; car les manières naissent à chaque instant, et peuvent à tous les moments créer des surprises : en un mot, une femme ne peut être belle que d'une façon, mais elle est jolie de cent mille. La loi des deux sexes a établi, parmi les nations policées et sauvages, que les hommes demanderaient, et que les femmes ne feraient qu'accorder : de là il arrive que les grâces sont plus particulièrement attachées aux femmes. Comme elles ont tout à défendre, elles ont tout à cacher : la moindre parole, le moindre geste, tout ce qui, sans choquer le premier devoir, se montre en elles, tout ce qui se met en liberté devient une grâce. Telle est la sagesse de la nature, que, ce qui ne serait rien sans la loi de la pudeur, devient d'un prix infini depuis cette heureuse loi qui fait le bonheur de l'univers.

Comme la gêne et l'affectation ne sauraient nous surprendre, les grâces ne se trouvent ni dans les manières gênées ni dans les manières affectées, mais dans une certaine liberté ou facilité qui est entre les deux extrémités; et l'ame est agréablement surprise de voir que l'on a évité les deux écueils. Il semblerait que les manières naturelles devraient être les plus aisées; ce sont celles qui le sont le moins; car l'éducation, qui nous gêne, nous fait toujours perdre du naturel: or nous sommes charmés de le voir revenir. Rien ne nous plaît tant dans une parure, que lorsqu'elle est dans cette négligence ou même dans ce désordre qui nous cache tous les soins que la propreté n'a pas exigés, et que la seule vanité aurait fait prendre; et l'on n'a jamais tant de grâces dans l'esprit que quand ce que l'on dit paraît trouvé, et non pas recherché. Lorsque vous dites des choses qui vous ont coûté, vous pouvez bien faire voir que vous avez de l'esprit. Pour le faire voir, il faut que vous ne le voyiez pas vous-même, et que les autres, à qui, d'ailleurs, quelque chose de naïf et de simple en vous, ne promettait rien de cela, soient doucement surpris de s'en apercevoir.

Ainsi les grâces ne s'acquièrent point ; pour en avoir, il faut être naïf. Mais comment peut-on travailler à être naïf ?

Une des plus belles fictions d'Homère, c'est celle de cette ceinture qui donnait à Vénus l'art de plaire. Rien n'est plus propre à faire sentir cette magie, et le pouvoir des grâces qui semblent être données à une personne par un pouvoir invisible, et qui sont distinguées de la beauté même. Or, cette ceinture ne pouvait être donnée qu'à Vénus. Elle ne pouvait convenir à la beauté majestueuse de Junon ; car la majesté demande une certaine gravité, c'est-à-dire, une contrainte opposée à l'ingénuité des grâces. Elle ne ponvait bien convenir à la beauté fière de Pallas ; car la fierté est opposée à la douceur des grâces, et d'ailleurs peut souvent être soupçonnée d'affectation.

(Montesquieu.)

LE BERGER ET LA MER.

FABLE.

Un berger faisait paître ses moutons près de la mer. Son troupeau lui fournissait de quoi vivre ; et si ses revenus étaient minces, du moins étaient-ils sûrs et bien établis. Comme il voyait souvent débarquer des marchandises sur le rivage, il lui prit envie de s'enrichir. Aussitôt il vend moutons, houlette, flageolet ; orne et agrandit son chapeau ; bref, de berger, il devient commerçant. Il fait emplette de figues, et expose à la merci des flots sa personne et ses brillantes espérances. Tout à coup la mer s'enfle. Il s'élève une affreuse tempête qui oblige l'équipage de tout sacrifier pour se sauver. On jette tout à la mer, les figues comme le reste. Notre homme gémit de voir son avidité frustrée. Après son naufrage, il vient reprendre la houlette ; non plus Corydon, comme autrefois ; mais simple Pierrot. Cependant il amasse un peu d'argent, il achète quelques moutons pour son compte. Un jour qu'il les conduisait suivant sa coutume le long du rivage, les flots venaient baigner mollement la côte, et la surface des ondes était tranquille et unie comme une glace. On

2..

eût dit que la mer voulait réparer son ancienne trahison, et lui faire espérer un plus heureux succès. Le berger, instruit à ses dépens, dit en souriant : Flots imposteurs, je vois bien que vous voudriez encore des figues ! Y sera pris qui voudra ; pour moi, je m'y suis laissé prendre une fois, c'est bien assez.

DES MAXIMES ÉVANGÉLIQUES
[SUR L'AMOUR DES ENNEMIS.

La morale évangélique est plus parfaite que toute autre sur l'amour des ennemis. Cet amour découle de la charité chrétienne, dont un des caractères est d'être patiente.

Que le soleil ne se couche point sur votre colère.

Si l'on vous donne un soufflet, présentez l'autre joue.

Pardonnez-nous nos offenses comme nous pardonnons à ceux qui nous ont offensés.

Le nouveau testament est plein de textes aussi formels qui nous ordonnent de pardonner à nos frères les injures que nous en avons reçues, de souffrir patiemment leurs mauvais traitements, de les excuser même, et de les justifier dans notre cœur. Ce caractère de douceur, de patience, et de générosité, semble être le caractère distinctif de l'Evangile. L'exemple de Jésus-Christ et des apôtres relève la grandeur du précepte, et lui donne une force qu'il ne peut tirer de la raison seule. C'est un Dieu qui nous prêche l'amour de nos ennemis ; mais il prêche cette doctrine encore plus d'exemple que de paroles. Trahi, moqué, méprisé, crucifié par ses ennemis, par ceux-là même qu'il venait racheter de la mort éternelle, il pouvait les confondre, et se venger d'eux de la manière la plus éclatante ; il souffre patiemment tous les opprobres et les tourments qu'ils veulent lui faire endurer ; il leur pardonne tout le mal qu'ils lui font ; il les excuse, il prie son Père céleste de leur pardonner. Ses apôtres l'imitèrent, autant que les hommes peuvent imiter un Dieu. Quels exemples la philosophie de la Grèce et de Rome pouvait-elle alléguer, qui fussent comparables à ceux-là. La morale du christianisme a cela de particulier qu'elle sait mieux qu'aucune autre mettre l'homme dans les dispositions de cœur et d'esprit les plus propres à porter l'homme à la clémence, à la patience, au pardon des injures, et à l'amour des ennemis. La haute opinion qu'on a de soi-même, et le mépris des autres, sont deux passions qui rendent notre sensibilité susceptible des moindres petits désagréments. L'homme superbe s'imagine toujours qu'on l'offense, qu'on n'a point d'égards pour lui; car l'orgueil est défiant et pointilleux. Sa vivacité grossit l'objet de l'injure. Sa malignité, qui envenime tout, donne une interprétation sinistre à des démarches innocentes, les travestit en injures pour peu qu'elles paraissent équivoques; ou bien elle inspire un ressentiment implacable pour celles qui sont avérées. L'Evangile, qui nous prêche l'humilité, tend à détruire dans l'homme cet amour-propre présomptueux qui le porte à la vengeance. Un autre avantage qui appartient en propre à la morale chrétienne, ou en quoi du moins elle l'emporte sur les autres; c'est qu'elle ôte à l'esprit de vengeance tous les prétextes qui se tirent des inconvénients que l'on court en laissant une injure impunie. Car, en supposant même que la douleur qui pardonne ne produise pas les bons effets que l'on en attend, ou qu'elle en produise de contraires; quelles raisons de patience et de tranquillité ne nous offre pas la religion de Jésus-Christ dans les fâcheuses rencontres où nous avons affaire avec ces cœurs méchants et durs que rien n'amollit et ne touche, avec ces hommes féroces dont la malice ne peut être subjuguée par tout le bien qu'on leur fait ? Persuadé d'une Providence sage et juste qui gouverne le monde, un chrétien qui sacrifie tout ressentiment de haine et de vengeance par un principe de religion peut compter avec confiance sur la protection de l'Eternel. Son attente ne saurait manquer d'être remplie dans un temps ou dans un autre : car Dieu a promis de rendre justice.

L'Évangile nous invite encore à aimer nos ennemis et à leur pardonner, par les promesses les plus abondantes. Pardonnez, et l'on vous pardonnera ; mais celui qui n'aura point pardonné, ne doit point attendre de pardon. C'est en substance ce que l'on trouve dans plusieurs endroits de l'Évangile. La philosophie ne peut porter les hommes à la patience et à la clémence que par des espérances d'un ordre relevé. Il ne faut pas croire pourtant que l'Évangile, en prêchant l'amour des ennemis, exige des hommes qu'ils n'aient ni sensibilité ni prudence ; qu'ils confondent, dans leur tendresse et leurs bienfaits, les plus cruels ennemis avec les amis ; qu'ils sacrifient à l'amour de la paix tous intérêts de famille, de réputation, de patrie, etc... Ce n'est point là du tout ce qu'enseigne et prêche le christianisme. Supportez patiemment bien des choses peu considérables en elles-mêmes, plutôt que d'en venir à des ruptures d'éclat; dans les occasions où la défense est possible, légitime et raisonnable, suivant les lois humaines, s'en tenir scrupuleusement aux moyens permis; ne faire jamais la moindre injustice à nos ennemis les plus injustes; rendre à tous les hommes, sans exception, les devoirs de l'humanité, de la charité la plus sincère; être toujours disposé à la paix; se prêter à la réconciliation; la rechercher autant qu'il se peut, sans compromettre aucun intérêt plus essentiel; pardonner sincèrement, et rendre le bien pour le mal, lorsque l'équité ne s'y oppose pas; c'est en substance tout le précepte de l'amour des ennemis, tel que le christianisme le prescrit. Il faut prendre garde d'outrer la divine morale de Jésus-Christ; en l'exagérant, on la défigure.

DE LA GLOIRE.

Souviens-toi, disait un philosophe à un prince, que chaque jour de ta vie est un feuillet de ton histoire; et il faudrait que tous les matins ce fût la première parole qu'on fit entendre aux princes à leur réveil. L'amour de la gloire veillerait autour d'eux pour en repousser les faiblesses et les vices : car tel est le caractère de ce sentiment; il est fier, délicat, et sévère à lui-même. A chaque pensée, à chaque action qu'il médite, il s'environne de témoins. L'univers est son censeur, et la postérité son juge........ Voulez-vous savoir ce que peut le sentiment de la gloire ? Otez-la de dessus la terre ; tout change. Le regard de l'homme n'anime plus l'homme ; il est seul dans la foule. Le passé n'est rien ; le présent se resserre ; l'avenir disparaît...... Le sentiment de la gloire suppose le retranchement des passions communes. Ou il n'existe pas, ou il occupe l'ame tout entière. Ne l'attendez pas d'un peuple chez qui domine l'intérêt : la gloire est la monnaie des états; mais la gloire ne représente rien où l'or représente tout. Ne l'attendez pas d'un peuple voluptueux : le peuple n'a que des sens ; il ne sait renoncer à rien ; il ne sait pas perdre un jour pour gagner des siècles. Ne l'attendez pas d'un peuple esclave : la gloire est fière et libre ; et l'esclave, corrompu par la servitude , n'a pas assez de vertu pour

élever les yeux jusqu'à elle. Ne l'attendez
pas d'un peuple pauvre : je ne dis pas celui qui, resté près de la nature et de l'égalité, borne ses desirs, vit de peu, et met les
vertus à la place des richesses ; mais celui
qui, environné de grandes richesses qu'il ne
partage pas, se trouve entre le spectacle du
faste et la misère, et voit l'extrême pauvreté sortir de l'extrême opulence. Ce peuple,
occupé et avili par ses besoins, ne peut avoir
l'idée d'un besoin plus noble. Vous le trouverez peu chez une nation livrée à ce que l'on
appelle les charmes de la société. Chez un tel
peuple, la multitude des goûts nuit aux passions. Il est trop facile d'avoir des succès
d'un moment, pour chercher et obtenir des
succès plus pénibles. D'ailleurs, en voyant
les hommes de si près, on met moins de
de prix à leur opinion. En général, le sentiment de la gloire a je ne sais quoi de
réfléchi et de profond qui le nourrit surtout
dans la retraite. C'est là, qu'occupé de grands
travaux, on est frappé de la rapidité de la
vie, et qu'on veut étendre sur l'avenir une
une existence si courte. C'est à cette distance
des hommes que la renommée paraît auguste, que la postérité se montre, que la gloire

tourmente et fatigue l'imagination. Il faut qu'elle soit vue de loin, pour qu'elle en impose; elle ressemble à ces divinités de nos ancêtres, qu'ils avaient soin de placer dans les forêts ou dans les lieux obscurs. Moins on les voyait, plus elles obtenaient d'hommages....

Je suis loin de calomnier l'humanité. Sans doute, il y a eu des ames qui, en faisant le bien, ont obéi au devoir, et n'ont obéi qu'à lui, et à qui de grandes actions sont échappées en silence. Athènes éleva un temple au Dieu inconnu; on pourrait élever sur la terre une statue avec cette inscription : *Aux hommes vertueux que l'on ne connaît pas.* Ignorés pendant la vie, oubliés après la mort, moins ils ont recherché l'éclat, et plus ils ont été grands.

Mais ne nous flattons point; il y a peu de ces ames qui se suffisent, et marchent d'un pas ferme sous l'œil de la raison qui les guide, ou de Dieu qui les regarde. La plupart des hommes faibles par leur nature, faibles par le peu de rapport qu'il y a entre leur esprit et leur caractère; plus faibles encore par les exemples qui les assiégent, par le prix que les circonstances mettent trop souvent à la bassesse et au crime; n'ayant, ni assez de courage pour être toujours bons, ni assez de courage pour être toujours méchants ; embrassant tour à tour le bien et le mal, sans pouvoir se fixer ni à l'un ni à l'autre ; sentent la vertu par remords, et ne sont avertis de leur force que par le reproche secret qu'ils se font de leur faiblesse. Dans cet état, il leur faut un appui. Le desir de la renommée se mêlant au devoir les enchaîne à la vertu. Ils oseraient peut-être rougir à leurs yeux ; ils craindront de rougir aux yeux de leur nation et de leur siècle. Et, à l'égard des hommes même dont l'ame est d'une trempe plus vigoureuse et plus forte, la gloire est un dédommagement, si elle n'est pas un appui...... Il semble, en effet, que la vertu et le génie, souvent opprimés, se réfugient, loin du monde réel, dans le monde imaginaire, comme dans un asile où la justice est rétablie. Là, Socrate est vengé, Galilée est absous, Bacon reste un grand homme. Là, Cicéron ne craint plus le fer des assassins, ni Démosthènes le poison. Là, Virgile est au-dessus d'Auguste, et Corneille près de Condé. Chacun, par l'ascendant de son génie ou de ses vertus, monte et va prendre son rang. Les ames opprimées se relèvent et recouvrent leur dignité.

Ceux qui ont été outragés pendant la vie trouvent du moins la gloire à l'entrée du mausolée qui doit couvrir leurs cendres. L'envie disparaît, et l'immortalité commence.

(Thomas.)

L'ESPRIT ET LA SCIENCE.

ALLÉGORIE.

L'Esprit et la Science, enfants d'Apollon, naquirent de différentes mères. L'Esprit, fils d'Euphrosine, lui ressemblait par son enjouement et sa vivacité. La Science, fille de la Sagesse, avait la prudence et l'air sérieux de sa mère. Ces deux enfants, dont les mères étaient rivales, furent élevés, dès leur naissance, dans des sentiments d'inimitié qui devinrent en eux une habitude. On employa même tous les moyens nécessaires pour leur inspirer du mépris l'un pour l'autre.

Apollon, qui prévoyait les mauvais effets de leur discorde, s'efforça en vain de la faire cesser, en partageant également son affection entre eux : son impartialité et sa douceur ne produisirent aucun effet ; le germe de leur animosité était trop enraciné dans leurs cœurs. Ils ne furent pas plutôt en âge d'être admis dans le séjour des autres dieux, que l'Esprit commença par amuser Vénus, lorsqu'elle était à sa toilette, en contrefaisant l'air grave de la Science ; tandis que celle-ci cherchait à distraire Minerve pendant son travail, en lui montrant les bévues et l'ignorance de l'Esprit.

Leur inimitié crût ainsi avec l'âge par les mauvais conseils qu'ils recevaient de ceux qui les instruisaient. Ils desiraient tous les deux être reçus à la table de Jupiter, non pas tant pour cet honneur en lui-même, que pour enlever à son rival tout espoir de considération, et pour le priver de cette estime que chacun d'eux croyait avoir été usurpée injustement. Enfin, il arriva ce jour où ils furent admis, avec les cérémonies usitées, dans la classe des divinités supérieures ; ils reçurent le nectar de la main d'Hébé. A compter de ce moment, la concorde disparut de la table de Jupiter. Les deux rivaux encouragés par leur nouvelle dignité, et excités par les applaudissements des divinités qui étaient dans leur parti, se livraient sans cesse l'un à l'autre des combats dans lesquels la victoire favorisait alternativement chaque côté avec tant d'égalité qu'aucun des deux n'était abattu. On remarqua bientôt que, dans le commencement de chaque dispute, l'Esprit avait l'avantage, et que ses premières saillies inspiraient dans l'assemblée une vive gaieté. Mais la Science réservait ses forces jusqu'au moment où, l'explosion des applaudissements étant passée, la langueur qui succède toujours à l'excès de la joie, commençait à promettre une attention plus calme.

Alors elle essayait de se défendre, et ordinairement elle faisait réfuter son antagoniste par lui-même, en comparant entre elles ses diverses objections ; ou bien elle prouvait que les arguments de l'Esprit n'étaient d'aucun poids, en montrant qu'il n'avait embrassé qu'une partie de la question. L'auditoire commençait peu à peu à revenir de son premier jugement, et il se levait à la fin pénétré d'une grande vénération pour la Science, mais un peu prévenu en faveur de l'Esprit.

Toutes les fois que les deux ennemis cherchaient à se distinguer, leur conduite était entièrement opposée. L'Esprit était hardi et donnant au hasard ; la Science était prudente et réfléchie. L'Esprit ne redoutait d'autre reproche que celui de passer pour lourd ; la Science ne craignait que celui de s'être trompée. L'Esprit répondait avant d'avoir entendu ce qu'on lui disait ; la Science s'arrêtait même où il n'y avait pas de difficulté, dans la crainte de laisser passer quelque sophisme insidieux, sans le faire reconnaître. L'Esprit rendait chaque question difficile à résoudre, par la rapidité et la confusion de ses idées ; la Science fatiguait ses auditeurs par des distinctions sans fin, et elle alongeait la dispute en prouvant ce qui n'avait jamais été nié.

Tous deux avaient des préjugés qui arrêtaient en partie leurs progrès dans le chemin de la perfection, et qui présentait le côté faible par où l'on pouvait les attaquer. La Nouveauté était le favori de l'Esprit ; l'Antiquité, celui de la Science. L'Esprit trouvait spécieux tout ce qui était nouveau ; la Science au contraire appuyait toujours son opinion sur tant de vérités accessoires, que, quand elle avait perdu sa cause, on se rappelait cependant ses raisonnements avec admiration.

Les débats souvent répétés de l'Esprit et de la Science finirent par diviser l'Olympe en deux partis. L'Esprit obtint l'amitié de Vénus, la protectrice des jeux et des ris ; elle les lui donna pour cortége, et on lui permit de danser souvent avec les Grâces. La Science continua d'être la favorite de Minerve, et elle sortait rarement du palais de cette dernière, sans être suivie des plus austères vertus, telles que la chasteté, la tempérance, et le travail.

L'Esprit eut de son commerce avec la Malice une fille nommée Satire, qui le suivait en portant un carquois rempli de flèches empoisonnées qu'aucun art ne pouvait retirer des membres qu'elle avait percés. Elle lançait fréquemment ces traits sur la Science, pendant que celle-ci s'occupait avec le plus d'ardeur et d'utilité, ou quand elle était le plus appliquée à des recherches difficiles, ou même lorsqu'elle donnait des instructions à ses partisans. Minerve, voulant protéger la Science, envoya alors à son secours la Critique, qui brisait la pointe des flèches de la Satire, les détournait, ou les faisait retomber sur elle.

Cependant Jupiter, irrité de voir la paix des célestes régions perpétuellement troublée, résolut enfin d'envoyer sur la terre ces rivaux turbulents. Ils vinrent sur la terre, et n'en furent pas moins ennemis. Ils eurent bientôt des partisans zélés dans leur nouveau séjour. L'Esprit captiva la jeunesse par sa gaieté, et la Science obtint par sa gravité le suffrage de la vieillesse. Leur influence se fit bientôt connaître par des effets remarquables.

On y construisit des théâtres pour y recevoir l'Esprit, et on fonda des colléges pour en faire l'asile de la Science. Chaque parti s'efforça de surpasser l'autre en dépense et en magnificence : on tâcha même de persuader qu'il était nécessaire, dès le commencement de la vie, de s'inscrire dans l'un d'eux, et qu'aucun homme ne pourrait rien obtenir de l'une de ces divinités, s'il entrait une seule fois dans le temple de l'autre.

Il y avait, à la vérité, une classe de mortels qui méprisait également l'Esprit et la Science : c'était celle des sectateurs de Plutus, dieu des richesses. Il arrivait rarement que toute la gaieté de l'Esprit pût leur arracher un sourire, ou que toute l'éloquence de la Science pût en obtenir un moment d'attention. Pour se venger de ce mépris, l'Esprit et la Science s'unirent cette fois pour exciter leurs partisans contre le riche. Mais ceux qu'ils employèrent dans ces expéditions trahirent presque tonjours le parti qui leur avait donné sa confiance, sans s'embarrasser des ordres qu'ils avaient reçus : ils flattaient ouvertement l'homme qui possédait des richesses, quoiqu'ils le méprisassent dans le fond du cœur ; et quand, par cette trahison, ils avaient gagné la bienveillance de Plutus, ils affectaient de regarder avec un air de supériorité ceux qui restaient encore attachés à l'Esprit et à la Science.

Enfin, les deux rivaux, ennuyés de ces désertions, demandèrent en même temps à Jupiter à revenir dans le ciel. Ce dieu tonna du côté droit, et ils se préparèrent à se rendre à ce favorable appel. L'Esprit déploya sur-le-champ ses ailes, et s'éleva rapidement dans son vol; mais, n'étant pas en état de voir loin devant lui, il s'égara dans l'immensité uniforme des plaines éthérées. La Science, qui connaissait mieux la route, agita ses ailes; mais son peu de force naturelle l'empêcha de pouvoir s'élever bien haut.

Après avoir fait beaucoup de vains efforts, ils retombèrent tous les deux sur la terre, et apprirent, par leur malheur mutuel, combien l'union leur était nécessaire. Ils consentirent donc à se tenir par la main, et recommencèrent à prendre leur vol. La Science s'éleva avec le secours des forces de l'Esprit, et l'Esprit fut guidé par les lumières de la Science. De cette manière, ils parvinrent rapidement ensemble au séjour des dieux. Ils conçurent dès cet instant une si vive amitié l'un pour l'autre, qu'ils vécurent toujours en bonne intelligence. L'Esprit détermina la Science à se lier avec les Grâces, et la Science engagea l'esprit dans le parti de la vertu. Ils furent alors chéris de toutes les puissances du ciel, et leur présence fit l'agrément du banquet des dieux. Bientôt après ils s'unirent ensemble par l'ordre de Jupiter, et il naquit de leur hymen les arts et les connaissances.

(JOHSON. Extrait du Rambler ou Rôdeur.)

APOLOGIE DU PLAISIR.

L'amour du plaisir est inséparable de l'homme : la vertu la plus héroïque ne peut que régler ce penchant, et non pas le détruire. Sans le plaisir, que l'aspect de la nature serait triste ! comme tous les êtres resteraient engourdis et glacés dans un repos léthargique ! Il est l'ame du monde. Il porte partout le mouvement et la chaleur ! il entretient la vie dans l'univers.

L'homme est né son esclave. Pour obtenir les faveurs de ce dieu, il met à ses pieds les sceptres et les couronnes ; il s'expose à tous les maux, et brave tous les dangers. Le guerrier qui va combattre, résolu de vaincre ou de mourir, ne voit que le plaisir sous les

traits de la gloire : l'ambitieux le cherche
dans les honneurs : les rois sur le trône obéissent à ses lois. Quel mortel peut résister à
ses charmes et se soustraire à sa puissance.
Mais je vois le front austère de nos prétendus
sages se couvrir de nuages, et me reprocher
comme une hardiesse condamnable l'éloge
dangereux du plaisir. Quelle imprudence,
diront-ils, d'irriter encore le penchant naturel qui entraîne vers lui tous les hommes !
Sages modernes, si la sagesse outrée peut en
mériter le nom, écoutez ma paisible réponse.
Les hommes en croiront toujours leurs sens :
nous ne pouvons leur en imposer sur le sentiment ; et quand nous le pourrions, serait-il
honnête de le faire ? Jamais la vérité ne peut
avoir d'obligation au mensonge. Avouez donc
de bonne foi que le miel est plein de douceur :
ajoutez seulement, que sa douceur est mortelle quand il est mêlé avec les poisons. Ne
peut-on louer que la vertu ? Est-elle l'unique
bien de l'homme ? Pourquoi donc préfère-
t-on la santé à la maladie ? Ce que la nature
aime est nécessairement bon, sans attendre
notre aveu ; et toutes les fois que vous n'en-
tendrez pas dans l'avenir une voix qui vous
crie, « Prends garde, » le plaisir doit vous

3.

déterminer, quand il viendrait d'une autre source que celle de la vertu.

L'homme sourit au plaisir dans le berceau; dès qu'il est né, il est épris de ses charmes, et cet amour dure autant que sa vie. La sagesse n'est point l'ennemie de ce souverain des mortels; elle est faite pour l'éclairer, pour le servir, et non pour le détrôner. Homme, réjouis-toi, nous crie la nature. Partout elle offre à nos sens tout ce qui peut les flatter C'est pour nous qu'elle fait éclore toutes les richesses de l'univers. Elle tient un banquet, une fête continuelle, où l'homme s'enivre de toutes les sensations les plus délicieuses. Sa main libérale remplit sans cesse la coupe du plaisir, et nous la présente de la main du Créateur. Refuser de répondre à sa douce invitation, c'est une ingratitude envers l'être magnifique, qui, pour nous faire goûter le plaisir, a si bien assorti les desirs, les objets, et les sens. Acceptons ses dons, jouissons-en sous ses yeux, et que le sentiment du bonheur soit un hommage de notre reconnaissance.

* * *

Qu'est-ce que le plaisir? C'est la vertu sous un nom plus gai ; je ne lui donne pas encore un titre assez noble : la vertu est là tige ; le plaisir est la fleur qu'elle produit.

Doux plaisir, divinité bienfaisante, tu es venu parmi nous pour aider la raison, et joindre à sa force le pouvoir de tes charmes? Tu commences par secourir la vertu, et la vertu reconnaissante assure, éternise ton empire. La vie, la société, la religion, ne subsistent que par toi : cette saveur exquise dont les aliments flattent nos sens, nous intéresse à la conservation de nos corps ; cette douceur que nous ajoutons dans la louange, nous fait chercher à plaire, et tient les hommes unis ensemble ; cette félicité que l'homme juste attend dans une seconde vie, lui fait dans cette vie mortelle un plaisir du devoir d'adorer son Bienfaiteur. Coule donc à jamais dans nos ames, ô plaisir, source sacrée qui arrose et fertilise tous les germes du bonheur ! Mais c'est la vérité seule qui peut ouvrir cette source, et perpétuer son cours : le crime le tarit. L'erreur ou l'excès change le plaisir en vice, et nous précipite sur la peine. Un sobre repas entretient la vie, la santé, la raison, la joie ; l'intempérance porte le trouble dans notre entendement, enfante les chagrins et les douleurs, et nous livre à la mort. Que puis-je souhaiter à mon ennemi de plus fu-

neste, que de le voir faire des excès de plaisir, et s'en remplir sans règle et sans mesure ?
Si tu épuises la volupté jusqu'à la lie, tu ren-
contreras la peine au fond du vase ; mais, si
tu n'offenses, ni le ciel, ni les hommes, ni toi,
savoure le plaisir sans réserve. Plus l'ivresse
te gagnera, plus tu t'approcheras de Dieu.
Dieu n'est Dieu, que parce qu'il goûte un
plaisir que le repentir ne suit jamais. Vous,
qui cherchez le bruit et la dissipation, qui
vous vantez de goûter la joie ; vous que le
monde appelle des hommes de plaisir, vous
êtes des hommes de peine. Pourquoi votre
imagination vous transporte-t-elle toujours
dans l'avenir ? C'est que vous êtes toujours
mécontents du présent. Poursuivis par un dégoût invincible de vous-mêmes, vous di-
vulgez à chaque instant le secret de votre
misère. Le repos est pour vous un tourment
insupportable. L'ennui vous force à vous
agiter ; vous bercez votre ame dans le mouvement pour assoupir le sentiment de vos
maux intérieurs : vaine ressource qui les décèle, et ne les guérit pas.....

Le bonheur n'est point le transport passager
des sens ; c'est un état de l'ame constant et
permanent : il ne peut prendre de consis-

tance dans un cœur agité. Pour que la joie soit durable, il faut que le principe en soit solide, raisonné, et réfléchi. Elle n'étale point sur le front l'insolence de l'orgueil ; elle donne à l'homme une physionomie satisfaite et tranquille, une sérénité douce, un air d'attendrissement. C'est un mot, un visage modeste et sérieux, avec un sourire sur le cœur.

(YOUNG.)

SENTENCES IMITÉES DE PUBLIUS SYRUS.

La fortune ne donne rien, elle ne fait que prêter pour un temps.

(LA BRUYÈRE.)

Le mal présent nous paraît presque toujours plus grand que le mal passé.

(*Le même.*)

La fortune est inconstante ; elle redemande à ses favoris ce qu'elle semble leur donner pour toujours.

(*Le même.*)

Il est plus dur d'appréhender la mort que de la souffrir.

(*Le même.*)

Une belle physionomie vaut une lettre de recommandation.

(Attribué à la reine Élisabeth.)

Laisser le crime en paix, c'est s'en rendre complice.

(Crébillon.)

La fortune, dit-on, change les mœurs; je crois au contraire qu'elle les découvre : tant qu'on vit dans l'espérance de quelques avantages, on se concentre, on se compose, on se déguise, afin de mieux tromper ceux qui entreprennent notre élévation. Est-on parvenu à son but, on se montre tel que l'on est.

(La Bruyère, De la bonne et mauvaise Fortune.)

La vie est courte pour ceux qui sont dans les délices du monde; elle ne paraît longue qu'à ceux qui languissent dans l'affliction. Job se plaint de vivre long-temps, et Salomon craint de mourir trop jeune.

(*Le même.*)

FIN DE LA PREMIÈRE PARTIE.

TABLE
DES AMPLIFICATIONS.

PREMIÈRE PARTIE.

FIN DE LA TABLE DE LA PREMIÈRE PARTIE.

CORRIGÉ

DES AMPLIFICATIONS

FRANÇAISES.

—

DEUXIÈME PARTIE.

> Dans les études, comme dans la vie, rien de
> plus convenable à l'esprit de l'homme, que de
> mêler l'enjouement au sérieux; de peur que l'un
> ne produise l'ennui, et l'autre ne dégénère en
> frivolité.
>
> **PLINE le Jeune.**

CORRIGÉ
DES AMPLIFICATIONS
FRANÇAISES.

DEUXIÈME PARTIE.

AMPLIFICATION PREMIÈRE.

ARGUMENT.

L'apologue est une des plus anciennes productions du génie oratoire. L'allégorie, d'où vraisemblablement la fable a pris naissance, n'était qu'un expédient inventé par le besoin de s'énoncer d'une manière intelligible avant que le langage fut assez riche pour exprimer les pensées par des signes de convention. Quand, au milieu d'un peuple encore à demi barbare, les plus sensés de la nation font quelques découvertes qui intéressent ses mœurs ou sa politique, il est naturel qu'ils aient recours à l'apologue, pour communiquer aux autres leurs réflexions. Le peuple n'a guère d'autres moyens d'exprimer les propositions générales que le langage figuré; et les plus sensés de cette classe emploient dans ces occasions les exemples, les allégories, et des fables grossièrement ébauchées.

L'apologue n'est donc pas l'invention d'un peuple ou d'un siècle particulier; il n'en faut chercher l'origine ni dans la Perse ni dans les Indes : c'est une production de tous les pays et de tous les temps. Le fabuliste le plus parfait est, sans contredit, le philosophe phrygien Esope. Les Grecs, d'ailleurs si inventifs, se sont contentés de rédiger ses fables en prose et en vers; ils n'en ont ajouté que bien peu de leur propre crû. Les Romains ont suivi en cela l'exemple des Grecs. Phèdre, leur meilleur fabuliste, n'a rien inventé. Dans les siècles postérieurs, on a été bien plus entreprenant; chaque nation a eu des fabulistes originaux.

L'apologue n'est point, comme on l'a dit quelquefois, une invention bornée à inculquer la vérité aux enfants. C'est une nourriture qui peut encore convenir à l'esprit le plus mâle. Esope était homme, et cherchait par ses fables à instruire des hommes: L'apologue ne s'occupe pas simplement de vérités triviales, il cherche aussi celles dont la découverte n'est due qu'aux travaux profonds d'une raison cultivée. Il suffit de considérer la nature de l'apologue pour se convaincre que c'est à tous égards le moyen le plus efficace pour imprimer dans l'ame les vérités pratiques. Outre l'avantage qui lui est commun avec toutes les images, il en a encore qui lui sont particuliers. La singularité, la nouveauté, et souvent le merveilleux, excitent l'attention, et réveillent la curiosité. Comme l'action se passe hors de nous, que nous l'envisageons d'un point de vue éloigné, et sans retour sur nos intérêts propres, nous en

portons un jugement sain et impartial, que le sentiment de la vérité nous arrache, tandis que tout accès
est fermé aux préjugés, et à l'illusion de l'amour-propre. Les êtres que nous voyons agir sont de nature à ne
nous intéresser que par curiosité ; nous avons décidé
sur la moralité de l'action, avant d'avoir aperçu le rapport que la chose peut avoir avec nous. Ce n'est qu'a-
près avoir prononcé une sentence irrévocable, que
nous remarquons qu'elle nous concerne nous-mêmes.

La fable est une espèce de poëme didactique ; elle
tient dans cette classe un rang d'autant plus distingué, que la vérité qu'elle doit inculquer est plus importante. Des fables morales et politiques qui seraient
aussi généralement connues chez une nation, que le
sont les proverbes communs, pourraient extrême-
ment faciliter et abréger les réflexions et les discours
sur des objets de morale et de politique. Le simple
récit d'une fable peut suppléer à un long discours : de
même qu'une expression métaphorique bien choisie
tient lieu d'une longue description. Si l'on réfléchit
combien la culture du langage a d'influence sur la raison, on sera convaincu des grands avantages de l'apologue à cet égard. Non seulement il remplace par
lui-même une longue discussion, mais encore il suffit
d'un mot pour en réveiller vivement l'image dans
notre esprit.

N. B. La fable suivante doit être rapportée à la fin
de cette deuxième partie : elle me semble un peu trop
difficile à traiter par des élèves qui commencent. Mais
elle devait nécessairement se trouver la première à
cause du sujet.

L'ORIGINE DE LA FABLE.

Un jour (ce fut le dernier jour de l'âge d'or), le Mensonge surprit la Vérité endormie, la dépouilla de sa robe blanche, et s'en revêtit ; il devint aussitôt le Dieu de la terre. Le monde, séduit par un faux éclat, se vit en moins de rien déchu de sa première innocence ; il renonça à toute sagesse, à toute probité. La Vérité fut chassée et méconnue, et l'on rendit au Mensonge, qui avait usurpé son nom, le culte qui lui était dû. Tout ce que celle-ci disait était traité de vision, tout ce qu'elle faisait passait pour des extravagances. Hasardait-elle une remontrance, on lui riait au nez ; s'abaissait-elle à la prière, on la traitait d'importune. Elle allait en vain de porte en porte, et lorsqu'elle se présentait pour entrer, on lui criait de passer son chemin. Un insolent osa même taxer sa nudité de libertinage. Fi, disait-il, il n'y a que la plus grande effronterie qui puisse donner la hardiesse de courir les champs en cet état ! Retire toi, misérable ; tu ne trouveras point ici de bonne aventure. La Vérité prit la fuite, toute baignée de larmes ; elle alla se cacher dans un désert. Mais elle y était à peine arrivée, qu'elle trouva dans un buisson les vêtements bigarrés qu'y avait laissés le Mensonge. Elle n'hésita point de s'en couvrir, et sous ces habits c'était toujours la Vérité, mais ornée des ajustements du Mensonge.

Elle retourna parmi les hommes : ils la virent avec plaisir, et ceux qui avaient été les plus scandalisés de sa nudité, la reçurent agréablement sous cette parure étrangère, et sous le nom de *Fable* qu'elle adopta.

(LICHTWEHR.)

AMPLIFICATION DEUXIÈME.

ARGUMENT.

Le mérite, dit Pope, produit l'envie, comme le corps produit l'ombre. L'envie acharnée contre le talent ne le respecte, ni dans les grandes places, ni sur le trône. Elle poursuit également l'homme de lettres, l'artiste, le ministre, le monarque même.

L'envieux est en peine dans toutes les occasions qui devraient lui inspirer du plaisir. Il renverse l'ordre de la nature; et les objets qui donnent le plus de satisfaction aux autres, lui causent les douleurs les plus vives. Toutes les bonnes qualités de ceux de son espèce lui deviennent odieuses. La jeunesse, la beauté, la valeur, et la prudence, excitent son chagrin. Peut-on concevoir un état plus triste que celui d'être choqué de la perfection, et de haïr ce qu'on approuve et ce que souvent on admire. Bion disait d'un envieux : « On ne sait s'il lui est arrivé du mal, ou du bien aux autres. »

L'homme de génie qui se dit à la lueur de sa lampe : ce soir, je termine mon ouvrage : demain est le jour de la récompense : demain, le public reconnaissant s'acquitte envers moi; demain enfin, je reçois la couronne de l'immortalité; cet homme oublie qu'il existe des envieux. En effet, demain arrive; l'ouvrage est publié; il est excellent, et le public n'acquitte point sa dette. L'envie détourne loin de l'auteur le parfum suave des éloges. Elle y substitue l'odeur empestée de la critique et de la calomnie. Le jour de gloire ne luit presque jamais que sur la tombe des grands hommes. Qui mérite l'estime, rarement en jouit; et *qui sème le laurier, se repose rarement sous l'ombrage.*

L'envie est un vice qui rend malheureux ceux qui en sont attaqués; ce seul motif devrait nous le faire éviter.

———

LA STATUE DE BRONZE.

FABLE.

Un furieux embrasement avait fondu en masse une statue de bronze, chef-d'œuvre d'un excellent artiste. Cette masse tomba sous la main d'un autre sculpteur : son ciseau habile en fit une nouvelle statue, qui différait de la première par le sujet qu'elle représentait ; mais qui était d'un goût aussi exquis et d'une beauté aussi recherchée.

L'Envie la voit, grince des dents, et dit, pour se consoler : Cette statue est supportable ; mais l'ouvrier ne l'eût jamais faite, si la matière de l'ancienne ne fût heureusement tombée entre ses mains.

(LESSING.)

AMPLIFICATION TROISIÈME.

ARGUMENT.

Le Phénix est un oiseau fabuleux que les anciens ont cru unique en son espèce, et qui, selon eux, renaissait de sa cendre. Ils prétendaient qu'après avoir vécu plusieurs siècles il ramassait une grande quantité de bois aromatisé dont il faisait un bûcher, qu'il allumait de ses ailes aux rayons du soleil, et dans lequel il se précipitait lui-même. De sa cendre, il naissait un ver qui devenait ensuite Phénix.

On le faisait naître dans les déserts de l'Arabie.

LE PHÉNIX.

FABLE.

Plusieurs siècles s'étaient écoulés, sans qu'on eut vu le Phénix : il lui plut enfin de se montrer. Dès qu'il parut, tous les animaux, oiseaux et quadrupèdes, s'assemblèrent autour de lui. Etonnés de sa beauté, ravis, transportés, ils s'épuisèrent d'abord en louanges. Mais bientôt les plus sages et les plus sensibles, détournèrent de lui leurs regards pleins de pitié, et dirent en soupirant : Le malheureux Phénix ! le destin a déployé sur lui toute sa rigueur : seul de son espèce, il ne peut goûter le plaisir d'aimer, ni celui d'être aimé.

(Traduit de Lessing.)

AMPLIFICATION QUATRIÈME.

LE POMMIER SAUVAGE.

FABLE.

Un essaim d'abeilles s'établit dans le tronc creux d'un pommier sauvage, qu'elles remplirent des trésors de leur miel. L'arbre en devint si fier, qu'il méprisa tous les autres arbres du voisinage.

Un rosier lui cria : L'indigne vanité ! tu t'enorgueillis pour des douceurs étrangères ! tes fruits en sont-ils moins âpres ? Communique-

leur, si tu peux, la douceur de ce miel : ce ne
sera qu'à ce prix que l'homme t'estimera.

(LESSING.)

AMPLIFICATION CINQUIÈME.

ARGUMENT.

Une bonne éducation est le plus bel héritage qu'un
père puisse laisser à ses enfants ; c'est un trésor que,
ni la violence, ni les événements, ni la haine de nos
ennemis, ni l'exil même, ne sauraient nous ravir : seul
il peut tenir lieu des autres biens. C'est ce que pensait le philosophe Léonce, père de la célèbre Athénaïs qui, d'un état obscur, s'éleva jusqu'au trône
impérial.

ATHÉNAÏS.

Le philosophe Léonce voyant briller dans
sa fille les talents de l'esprit, les lumières de
l'instruction, et les charmes du jeune âge,
crut qu'elle n'avait pas besoin de fortune ; il
ne lui laissa rien en mourant, et légua tout
son bien à ses autres enfants. Cette jeune
personne fut forcée d'ensevelir dans sa retraite et sa beauté et son mérite. Déshéritée
par son père, délaissée par ses parents et ses

concitoyens, elle ne put souffrir un tel partage, et se rendit au palais de Théodose le
Jeune, pour le supplier de rectifier les dispositions injustes du testament de son père. Mais
que pouvait en apparence une jeune fille
sans fortune et sans parents ? Les gardes la
traitèrent durement et avec mépris ; à force
d'instances, elle obtint à peine qu'on la laissât
entrer. Elle plaida elle-même sa cause devant
le prince, d'un air timide et modeste, mais
pourtant sans être embarrassée. Les charmes
de son éloquence firent sur le cœur de son
juge une si vive impression, qu'elle en obtint
bien plus qu'elle ne demandait.

Athénaïs, qui avait eu tant de peine à fléchir
les gardes de l'empereur, se vit choisie par
l'empereur lui-même pour être son épouse.

Elle revint à Constantinople, où elle fit son
entrée avec la pompe et l'appareil qui conviennent à une souveraine. Au milieu des félicita-
tions publiques, elle ne parut pas au-dessous
d'un si haut rang, et sa figure avait un air de
noblesse et de dignité qui aurait fait croire
qu'elle était née sur le trône. Bientôt elle
quitta son premier nom, et reçut au baptême
celui d'Eudoxie.

AMPLIFICATION SIXIÈME.

LE PAON ET LE COQ.

FABLE.

Regarde combien la démarche de ton coq est fière et orgueilleuse, disait un jour le paon à la poule. Cependant les hommes ne disent pas : *Orgueilleux comme un coq, mais orgueilleux comme un paon.*

C'est que l'homme, répondit la poule, fait grâce à la fierté bien fondée. Si le coq est fier, il l'est de sa vigilance et de sa vigueur. Mais toi, de quoi l'est-tu ?..... De tes couleurs et de tes plumes.

(Traduit de Lessing.)

AMPLIFICATION SEPTIÈME.

LE LOUP GUERRIER.

FABLE.

Ce fut un vrai héros que mon père le loup, de glorieuse mémoire, disait un jeune loup à un renard. Qu'il se rendit terrible dans toute la contrée ! Il triompha successivement de plus de deux cents ennemis, et envoya leurs ames noires dans l'empire de la mort. Est-il surprenant qu'enfin il ait été vaincu une seule fois.

Voilà le langage d'un panégyriste, dit le renard ; mais la simplicité de l'histoire veut que l'on ajoute : Les deux cents ennemis qu'il vainquit successivement étaient des brebis, des ânes ; et le seul ennemi sous lequel il succomba fut le premier taureau qu'il eut la hardiesse d'attaquer.

(Traduit de LESSING.)

AMPLIFICATION HUITIÈME.

ANECDOTE ORIENTALE.

Les Turcomans, nation pauvre et méprisée, avaient payé long-temps au sultan du Korassan un tribut de vingt-quatre mille moutons. Excédés, enfin, de vexations et d'avanies, ils chassèrent les officiers qui levaient ce tribut, et se révoltèrent ouvertement contre le sultan. C'était Sangiar le Seldgioucide, l'un des plus fiers et des plus puissants monarques de l'Asie. Il marcha à la tête d'une armée formidable, résolu, disait-il, d'exterminer ces pâtres insolents : mais l'armée fut taillée en pièces, et le calife tomba entre les mains des vainqueurs.

Tout simples et tout grossiers qu'ils étaient, ils conçurent qu'ils ne pouvaient traiter avec trop de respect un prisonnier de cette importance, ni le garder avec trop de précaution. Ils élevèrent un trône magnifique à leur manière, et paré de ce qu'ils connaissaient de plus précieux. Tous les jours de grand matin, ils y faisaient monter le prince captif, et l'y tenaient majestueusement assis jusqu'à la fin de la journée. Les grands de la nation, en robes de peaux d'agneau, étaient debout au pied du trône, dans un profond silence, les yeux baissés, et les mains croisées sur la poitrine.

Enfin, la nuit venue, on se prosternait devant le sublime sultan, on prenait congé de lui ; et, pour être plus sûr de le retrouver le lendemain, on l'enfermait dans une cage de fer. Elle était assez grande pour qu'il pût s'y étendre, et s'y tourner à son aise ; et il se trouvait, dit-on, beaucoup mieux là que sur son trône.

(Bibliothèque orientale.)

4

AMPLIFICATION NEUVIÈME.

ARGUMENT.

De toutes les passions qui dominent le cœur humain, le plus cruel tyran est l'amour propre : c'est lui qui règle nos desirs, c'est lui qui fait naître nos pensées; sans cesse occupé de lui, de nos intérêts, de nos plaisirs et de nos peines, nous en faisons le principe et le but de toutes nos actions; c'est lui enfin qui nous commande en maître, et c'est à lui que nous obéissons comme esclaves.

L'amour-propre, dit l'abbé Girard (1), a fait centre de tout ce qui l'environne; s'arroge des droits et des priviléges; se compare aux autres, et se préfère; tourne tout à son profit; ne connaît de bornes que ses forces, et présume toujours en leur faveur; lutte contre tous les intérêts, et ne s'aperçoit pas que, dans le conflit de volontés et de pouvoirs, tous se flattant, au même titre, d'avoir les mêmes droits que lui, il en résulte une guerre de lui contre tous, et de tous contre lui, dont il sera nécessairement la victime. C'est cet amour insensé qui enfante les vains projets, qui donne le branle à toutes les autres passions; qui met en jeu tous les ressorts, et se sert de toutes les injustices pour parvenir au but qu'il se propose : c'est lui qui trouble et qui divise pour mieux envahir; qui sape le trône et renverse le monarque pour régner à sa place; qui brise l'autel, et s'attaque au Dieu

(1) Égarements de la Raison, tome I, lettre XIV.

qu'on révère, pour se faire adorer lui-même; qui bouleverse le monde pour s'en faire le maître, et finira par s'ensevelir sous ses ruines.

Un des principaux effets de l'amour-propre est de ne nous faire estimer que ce que nous aimons à faire, ce que nous faisons avec succès. Ecoutez un homme vain; il voudra que tout règle sur les siens sa façon de penser, sa conduite, et ses goûts. « Je ris de tous ceux qui me trouvent ridicule, disait un cynique. — Eh ! bien, lui dit-on, personne au monde ne rit donc plus souvent que vous. »

Quelle idée peut-on se faire de ces gens toujours prêts à repousser le sentiment intérieur qui les avertit de leur sotte vanité, et comment se dispenser de les envoyer aux petites maisons avec le héros de la fable qui suit :

LE POËTE DÉCLARÉ INNOCENT.

Un roi fit tirer son horoscope, on y trouva que sa majesté devait mourir d'un bâillement. Le bon prince n'avait point envie de faire le voyage de l'autre monde, car la mort effreia les grands comme les petits; ainsi, il défendit, par une loi expresse, à tous ceux qui avaient l'honneur d'approcher de sa personne, de bâiller et d'avoir envie de dormir. Ah! que cette cour était éveillée ! Une jeunesse, pleine de feu et de gaieté, y remplissait les emplois les plus graves et les plus importants. La bonne humeur se communiqua de proche en proche ; elle anima la capitale, et les provinces, et les campagnes. Point de paresse, point d'indolence ; air, démarche, paroles, tout était vif et animé, tout respirait la joie et l'activité. Un poëte qui, par son esprit, avait su depuis long-temps se concilier les bonnes grâces du souverain, vint à la cour, et lut (oh funeste événement !), et lut une tragédie de sa composition devant le roi ; le roi bâilla et mourut. Le poëte est arrêté ; il est condamné sur l'étiquette à perdre la tête, comme coupable de crime de lèse-majesté au premier chef. Il se récria, comme on peut le croire, non pas tant sur le supplice qu'on lui préparait, que sur l'injustice qu'on faisait à son ouvrage ; il soutint qu'il fallait que quelque cause étrangère eût occasionné le malheur qu'on voulait lui imputer. On crut devoir procéder dans les règles, et il eut ordre de lire ce poëme fatal devant les juges assemblés. Il lit : les ministres de Thémis oublient la gravité de leurs fonctions ; leur front se déride (1) ; bientôt de longs éclats de rire

(1) Dans l'original allemand il y a textuellement, le front de *Messieurs* se déride. Cette manière d'écrire est par trop germanique. Souvent nous sommes forcés de substituer des mots et des expressions différentes du texte.

font retentir le tribunal. Il a raison, s'écrièrent-
ils tous d'une voix ; rien n'est si plaisant que
cette tragédie, et il est impossible que ce soit
ce qui a fait bâiller sa majesté. En consé-
quence, le poëte *fut déclaré innocent.*

(Lichtwehr.)

AMPLIFICATION DIXIÈME.

ARGUMENT.

Il est des cœurs froids, des esprits envieux et faibles qui, ne pouvant atteindre à la hauteur des ames
fortes, se réservent le triste plaisir de tout rabaisser
au niveau de leur triste médiocrité. Ceux-là prennent
pour exaltation l'état actuel de ceux dont la comparaison les humilie. Ils traitent de convulsion le degré d'énergie qu'ils n'ont pas, accusent d'emphase
l'expression vraie du sentiment qu'ils ignorent ; et
quand on leur dit que c'est pour la gloire que le soldat brave la mort, ils répondent que c'est pour sept
sous par jour, et s'applaudissent d'avoir ainsi calom-
nié la nature humaine. Lorsque le jour de la mort et
de la gloire est arrivé, c'est pour l'honneur et pour
l'honneur seul que combattent le grenadier et l'homme
de recrue.

Il n'est pas un seul régiment français dont les an-
nales n'offrent vingt traits semblables, et aussi dignes
d'admiration que ceux des Grecs et des Romains.

Que d'actions sublimes dans toutes les campagnes, depuis la révolution! Que d'héroïsme! Ces mêmes traits se reproduiront d'âge en âge, tant qu'il y aura des grenadiers, des soldats français. L'honneur, ce noble orgueil, est la plus belle qualité de l'homme; c'est une flamme que rien n'éteint, quand elle est une fois allumée. Qu'on lui fournisse l'aliment qui lui est propre, et on verra combien son éclat peut encore s'étendre.

TRAIT DE COURAGE ET DE DÉSINTÉRESSEMENT
DE SOLDATS FRANÇAIS.

Pendant le siége de Lille, il est question d'aller reconnaître les progrès d'une sape (1). L'action est périlleuse à l'excès; cinq louis sont promis au soldat qui la tentera heureusement. Cinq y marchent tour à tour : les cinq sont tués; aucun n'a atteint le but. Un sixième se présente ; c'est un jeune homme d'une figure charmante ; on le voit partir à regret. Il s'éloigne : on compte les minutes : elles se passent : il ne revient pas : on le pleure. Il reparaît : le compte est rendu : on marche : la sortie la plus vigoureuse s'exécute : les ouvrages sont comblés : on rentre dans la place. Alors, en présence de

______

(1) Espèce de tranchée.

la garnison victorieuse, le général appelle le brave qui a préparé son triomphe. Le grenadier sort du rang ; on lui offre la récompense indiquée : *Grand merci, mon général, on ne va pas là pour de l'argent*, répond le grenadier, et il retourne à son poste.

(Extrait d'un choix d'anecdotes.)

AMPLIFICATION ONZIÈME.

L'AIGLE ET LE PAPILLON.

FABLE.

L'oiseau dont les regards assurés soutiennent l'éclat du soleil, et qui porte audacieusement son vol au-dessus des nues les plus élevées, l'aigle avait le plaisir d'entendre la forêt retentir des éloges unanimes que lui donnaient les autres oiseaux, le nommant à haute voix la gloire du peuple ailé, et son modèle, s'il n'eût été inimitable. La gloire éveille l'envie. Le papillon, chétive créature et pleine de vanité, eut l'audace de se vanter de voler de pair avec lui, et même de le devancer ; mais l'aigle, s'élevant à l'empirée, à travers les plaines immenses qui séparent le séjour des mortels de celui des dieux, laissa voler à terre son indigne rival, sans paraître avoir aperçu sa folie. Celui-ci ne l'avait point perdu de vue; il s'apprête à le suivre, et voilà le petit arlequin qui déploie, et fait mouvoir les ailes bariolées. Leur comique bigarrure n'ajoute rien à leur vigueur : son vol ne fut pas de longue durée; un zéphyr léger lui fit faire la pirouette aux yeux de tous les specta-teurs, et on le vit long-temps voler sens des-sus-dessous sur la terre qu'il ne venait que de quitter. Il n'y eut point d'oiseau que cette comédie n'amusât infiniment, et qui ne fût charmé de voir sa présomption si bien punie.

Poëtes subalternes, faites votre profit de cette aventure, consultez bien vos forces, rendez-vous maîtres de votre amour-propre; ou vous aurez le sort du papillon. Quelque essor que prenne un Bavius (1), il ne devien-dra jamais un Virgile.

(Lichtwehr.)

(1) Mauvais poëte, contemporain de Virgile.

AMPLIFICATION DOUZIÈME.

ARGUMENT.

Un monarque ne peut tout voir, tout ordonner; il est donc indispensablement obligé de confier une partie de l'administration de ses états à des hommes éclairés, qui, sous le titre de ministres, gouvernent au nom de leur maître. Le premier devoir de ces ministres est de prêter au prince les secours de leurs lumières, et de lui suggérer tout ce qui peut tourner à sa gloire, et à faire fleurir son royaume. Médiateurs entre le monarque et ses sujets, leur fonction la plus noble est de porter au pied du trône les besoins du peuple, de s'occuper des moyens d'adoucir ses maux, et de resserrer les liens qui doivent unir celui qui commande à ceux qui obéissent. L'envie de flatter les passions du monarque, la crainte de le contrister, ne doivent jamais les empêcher de lui faire entendre la vérité. Distributeurs des grâces, ils ne doivent consulter que le mérite et les services. Par malheur pour les nations, ce n'est pas là communément la manière de penser des ministres, qui, pour la plupart, regardent leur élévation comme un moyen de s'enrichir, d'agrandir leur famille, et ne songent qu'à tirer parti des postes qu'ils occupent. Dans cette vue, la crainte de perdre la faveur qui les a élevés les empêche de contredire le souverain, en sorte qu'ils mettent toute leur étude à flatter ses volontés, à encen-

4..

ser ses idées, et à applaudir ses caprices. Il faut cependant convenir qu'il est d'excellents ministres. On en voit qui, sans négliger les avantages personnels qu'ils peuvent retirer de leur élévation, s'occupent essentiellement du bien de l'état : tels sont ceux que l'on voit constamment attentifs à détruire les abus, réprimer les désordres, étendre le commerce national, et faire fleurir les arts et les sciences. Il est vrai qu'un ministre humain, juste, et vertueux, risque toujours de déplaire à ces courtisans avides, mercenaires, qui ne trouvent leur intérêt que dans le désordre et l'oppression. Ces ennemis du bien public forment des brigues, trament des cabales, s'efforcent de faire échouer ses desseins généreux : mais il recueillera, malgré eux, les fruits de son zèle, il jouira d'une gloire qu'aucune disgrâce ne peut obscurcir; il obtiendra l'amour des peuples, la plus douce récompense des ames nobles et vertueuses. Les noms chéris des Amboise, des Sulli, partagent, avec ceux des rois qui les ont employés, les hommages de la postérité.

Malheur aux peuples dont les souverains admettent dans leurs conseils des ministres perfides, qui cherchent à établir leur puissance sur la tyrannie et la violatiou des lois; qui ferment l'accès du trône à la vérité, lorsqu'elle est effrayante; qui étouffent les cris de l'infortune qu'ils ont causée, qui insultent avec barbarie, aux misères dont ils sont les auteurs; qui traitent de rébellion les justes plaintes des malheureux ; qui endorment leur maître dans une sécurité fatale qui n'est que trop souvent l'avant - coureur de leur perte. Tels étaient les Séjan, les Pallas, les Rufin, et tant d'autres monstres fameux qui ont été les fléaux de leurs contemporains, et qui sont encore l'exécration de la postérité. Le souverain n'a qu'un intérêt, c'est le bien de l'état; ses ministres peuvent en avoir d'autres très opposés à cet intérêt principal : une défiance vigilante du prince est le seul rempart qu'il puisse mettre entre son peuple et les passions des hommes qui exercent son pouvoir.

LE BON MINISTRE.

ANECDOTE ORIENTALE.

Le puissant Haroun-al-Raschild commençait à soupçonner que son visir Giafar ne méritait pas la confiance qu'il lui avait donnée; les femmes d'Haroun, les habitants de Bagdad, les courtisans, les derviches, censuraient le visir avec amertume. Le calife aimait Giafar; il ne voulut point le condamner sur les clameurs de la ville et de la cour. Il parcourut son empire; il vit la terre partout bien cultivée, la campagne riante et féconde, des hameaux opulents, les arts utiles en honneur, et la jeunesse dans la joie. Il visita ses places de guerre et ses ports de mer; il vit de nombreux vaisseaux qui menaçaient les côtes de l'Afrique et de l'Asie; il vit des guerriers disciplinés et contents : ces guerriers, les matelots, et le peuple s'écriaient : O ! Dieu, bénissez les fidèles, en prolongeant les jours d'Haroun-al-Raschild, et de son visir Giafar, ils maintiennent dans l'empire la paix, la justice, et l'abondance. Tu manifestes, grand Dieu, ton amour pour les fidèles, en leur donnant un calife comme Haroun et un visir comme Giafar.

Le calife, touché de ces acclamations, entre dans une mosquée, s'y précipite à genoux, et s'écrie : Grand Dieu ! je te rends grâces, tu m'as donné un visir dont mes courtisans me disent du mal, et mes peuples tant de bien !

(Traduit de SAADI, poëte persan.)

AMPLIFICATION TREIZIEME.

DON QUICHOTTE ET SANCHO-PANÇA.

Le casque en tête, armé de sa cuirasse, de sa lance, et monté sur Rossinante, le héros de la Manche parcourait fièrement la vallée de Montiel ; Sancho, son fidèle écuyer, portait le bouclier de son maître. Voyons un peu, direz-vous, quel est l'ennemi qui l'attend, et lui prépare de nouveaux lauriers ? Sera-ce un moulin à vent, un Sarrasin, un muletier, ou un empereur ? Le soleil avait déjà fourni les deux tiers de sa course journalière, avant que notre chevalier eût trouvé un péril digne de sa valeur, lorsque tout à coup il s'écria : Mon cher Sancho, voici une aventure, ou je suis bien trompé. Regarde de ce côté là ; vois-tu ce guerrier qui marche à ma gauche, et qui semble régler l'allure de son cheval sur celle du mien ? Il faut que ce soit l'ame de quelque chevalier mécréant qui revient des enfers pour se mesurer avec moi. Aussitôt, il saute à bas de son cheval, pour reconnaître de plus près un ennemi si extraordinaire : mais le payen fut à terre aussitôt que lui. Il tire sa redoutable épée ; l'esprit en fait autant. Il alonge des coups d'estoc et de taille, qui tombent dru comme grêle sur le corps de son adversaire ; celui-ci les lui rend coup pour coup. Le combat s'échauffe et se prolonge ; le fantôme recule quand il se sent pressé, et retourne à la charge, dès que le chevalier fait un pas en arrière et veut reprendre haleine : il disparaît enfin, avec le jour. La nuit termine le combat, et le vainqueur était déjà assis sur l'herbe pour se délasser, quand Sancho lui demanda : Seigneur, est-il bien mort? En ce cas, ajouta-t-il, ayez la bonté de m'aider.; il faut enterrer le cadavre au plus vite. Es-tu fou avec ton cadavre, répondit le chévalier, un peu confus de voir qu'il ne restait aucune trace de sa victoire. Ne comprends-tu pas que je me suis battu contre un revenant, et qu'une ombre ne peut avoir de corps? Une ombre ! répliqua l'écuyer. Ah! bon ! j'y suis, et je m'en doutais; *vous vous êtes battu contre votre ombre.*

(LICHTWEHR.)

AMPLIFICATION QUATORZIÈME.

ARGUMENT.

Toujours recevoir, ne jamais rendre; telle est la maxime de l'homme ingrat : toujours recevoir, et ne rendre que de mauvais offices à ses bienfaiteurs, est le comble de l'ingratitude. Voyez ce gouffre qui absorbe tout ce que la pente de ses bords entraîne dans ses abîmes, et n'exhale qu'un odeur infecte; tel est le cœur de l'homme ingrat.

« Rien ne peut sauver de l'indignation celui qui,
« ne pouvant se dissimuler les bienfaits qu'il a reçus,
« cherche cependant à méconnaître son bienfai-
« teur. Souvent, après avoir réclamé ses secours avec

« bassesse, son orgueil se révolte contre tous les
« actes de reconnaissance qui peuvent lui rappeler
« une situation humiliante; il rougit du malheur, et
« jamais du vice » (1).

Quelques auteurs ont prétendu que les lois d'aucun
peuple n'avaient porté de peine contre l'ingratitude,
non plus que contre le parricide, pour ne pas pré-
supposer des choses aussi odieuses, et que la voix
secrète de toute la nature semble assez condamner;
mais l'on pourrait leur nommer les Perses, les Athéniens, les Mèdes, ou plutôt les Macédoniens, qui
ont reçu dans leurs tribunaux de justice l'action contre
les ingrats. Les Romains et les Marseillais avaient autrefois des peines imposées contre les affranchis ingrats envers leurs anciens maîtres. Ces sortes d'exemples, avérés par l'histoire, ont fait souhaiter à d'honnêtes citoyens qu'il y eût, dans un siècle comme le
nôtre, une peine établie contre ce vice, qui n'a plus
de bornes à cause de son impunité.

Un prince (1), dont on ne loua jamais les qualités
du cœur, disait que, *des grands bienfaits naissaient
les grands ingrats*. Que d'hommes ont rendu cette
vérité palpable !

———

LE LÉOPARD ET LE SERPENT.

FABLE.

Le prince Léopard, en sortant d'un grand
repas où il avait trop mangé, fut incommodé

(1) DUCLOS, Les Mœurs.
(2) Louis XI, roi de France.

et forcé de se mettre au lit. Clystères, potions calmantes, rien ne produisit de soulagement. Qu'on m'aille chercher le Serpent, dit le malade, c'est le médecin de la maison de ma cousine la Panthère, et, s'il ne vient à bout de me guérir, personne ne le fera. Est-ce toi, mon cher Serpent, demanda-t-il en le voyant entrer ? Tu vas me soulager, n'est-il pas vrai ? Va, je te connais, et je suis sûr d'être bientôt guéri. Dès lors, seigneur Léopard n'eut point d'autre garde-malade. Il ne voulait rien prendre qui ne lui fût présenté par le Serpent, et lui parlait ainsi : Mon cher docteur, tu es le plus sage et le plus expert des reptiles ; ne m'abandonne pas, Serpent, mon ami : je te promets, si j'en reviens, que la mort seule pourra nous séparer. Une médecine que le Serpent avait préparée tira le malade d'affaire contre toute attente, et bientôt il fut en état de convalescence. Mais, à compter de ce moment, il ne fut plus question de la familiarité qu'il avait permise à son médecin. Le convalescent se plaignit d'exhalaisons froides qui sortaient du Serpent, et qu'il lui communiquait. Plus sa guérison radicale avançait, plus il sentait d'antipathie pour le Serpent. En le regardant, il semblait lui chercher querelle ; si le médecin parlait, on ne lui répondait que par des contradictions, ou par un silence dédaigneux ; enfin, aucun dégoût ne lui était épargné. Mais, dès que le prince se sentit en état de quitter le lit, ce fut bien autre chose. Frappez, frappez ; délivrez-moi de ce hideux reptile, cria-t-il à ses gens ! Voyez-vous comme il se tortille, comme il rampe, comme il se glisse d'un coin de la chambre à l'autre, avec sa peau d'écailles dont la vue me transit de froid. La valetaille est une maudite engeance, qui ne demande que plaie et bosse : le moindre prétexte lui suffit, quand il s'agit de mal faire. Ces ames de boue n'avaient jamais reçu d'ordre plus agréable. On tomba sur le Serpent ; il fut battu, foulé aux pieds : il eut beau se plaindre et siffler, il fut obligé de se sauver, et trop heureux de pouvoir regagner sa demeure avec maintes meurtrissures.

Rien n'importune un ingrat comme la vue de celui qui l'a obligé.

(Traduit de Lichtwehr.)

AMPLIFICATION QUINZIÈME.

ARGUMENT.

De toutes les passions, celle qui sait le mieux se déguiser, et qui se glisse le plus imperceptiblement dans le cœur, c'est l'orgueil. Combien l'orgueil ne nous sera-t-il pas odieux quand nous connaîtrons que les causes qui le produisent sont le vice, l'ignorance, et la misère.

Si l'homme n'était pas vicieux, il serait exempt d'une passion qui n'est véritablement qu'une suite de la dépravation de sa nature. S'il n'était pas ignorant, il saurait qu'il n'a rien dont il puisse s'enorgueillir. Enfin, si toute l'espèce humaine n'était pas misérable, il n'aurait pas sous les yeux tant d'objets de pitié dont il nourrit son orgueil; car, on se compare et on se préfère aux malheureux; et, même en les plaignant, on les méprise.

Si l'homme était sage, loin d'usurper une gloire fausse et prématurée, il attendrait paisiblement le jour où il sera véritablement glorifié, ce grand jour où il connaîtra son obscurité, où il aimera sans remords, où il jouira sans inquiétude; ce jour, en un mot, où il cessera d'être vicieux, ignorant, et misérable.

Il y a assurément des êtres d'une nature supérieure à la nôtre; et combien notre vain orgueil doit nous rendre ridicules à leurs yeux. Ils connaissent clairement le néant de ces perfections chimériques que nous admirons plus dans nous-mêmes que dans les autres, les vanités de ces petites distinctions accidentelles qu'ont établies la naissance, les dignités, et les richesses. Quand ils voient un homme enflé de ces avantages, tout porte à croire que, s'ils ne rient pas, ils sont du moins étrangement surpris. Ne pouvons-nous pas croire que ces êtres si parfaits nous voient du même œil que nous voyons des fourmis? Ce qu'il nous est permis de penser de l'orgueil d'un insecte, ne doivent-ils pas le penser de l'orgueil humain, quand ils abaissent leurs regards sur les habitants de la terre.

LA FOURMILIÈRE.

ALLÉGORIE.

Jetons les yeux sur cette petite montagne qu'une taupe a élevée dans la prairie. Elle est habitée par des fourmis. Laissons à ces insectes leur taille, leur figure, et leur manière de vivre. Mais imaginons-nous qu'elles ont une ame raisonnable et toutes les passions humaines. Ecouterions-nous, sans rire, quelqu'un qui viendrait nous vanter les généalogies de ces petites créatures, les rangs ou les talents qui les distinguent, les titres dont elles sont décorées. Voyez avec quel empressement, la foule s'ouvre et s'écarte devant la fourmi qui va passer. C'est un insecte de con-

dition, et le sang le plus noble de la fourmilière coule dans ses veines, Aussi, voit-on,
qu'il le sait bien. Admirez la lenteur majestueuse de sa démarche, et le respect que ses
regards impriment à toute cette populace. Plus
loin, remarquez une autre fourmi, placée sur
une petite éminence, d'où elle a l'œil sur
cette longue file d'ouvriers qui travaillent
pour elle. C'est le plus riche insecte qu'on
connaisse en deçà du mont de la Taupe. Il
possède un terrain long de cinq pouces, et
un de large. Il paye, il nourrit plus de cinquante ouvriers, il a plus de quinze grains
d'orge dans ses greniers. Le voilà qui querelle cette autre fourmi dont la posture est
si respectueuse ; il la traite indignement. On
peut parier, à coup sûr, que, de fourmi à fourmi, elle le vaut tout au moins.

Mais voici un personnage en place. Ne re-
marquez-vous pas une petite plume blanche
qu'il porte dans sa bouche ? Oh ! si vous saviez
tout ce qu'il a fait et tout ce qu'il a souffert
pour l'obtenir ! Aussi, ne la donnerait-il pas
pour la plus belle province dont cette Taupinière est la capitale. Mais n'êtes-vous pas
frappé de l'attachement que lui témoignent
tant de fourmis de toute espèce qui s'empres-

sent autour de lui? Eh bien! s'il laisse tomber cette plume merveilleuse, toute cette cour est prête à suivre le premier qui la ramassera. On abandonnera l'insecte malheureux, on le foulera aux pieds pour courir après son successeur.

A présent, si vous voulez connaître les dames de la fourmilière, observez...... Oh ciel! voyez ce moineau qui vient s'abattre sur la Taupinière : c'est la mort. Il prend, il enlève, sans distinction, l'insecte noble et ses complaisants, le richard et ses ouvriers, le ministre et son cortége de fripons. Il ne fait pas plus de quartier aux beaux esprits et aux belles dames de la fourmilière.

(Extrait du Mentor.)

AMPLIFICATION SEIZIÈME.

ARGUMENT.

On se plaint tous les jours de la rareté des amis véritables. Mais, parmi des êtres vains, frivoles, et vicieux, qui ne sont unis que par l'attrait du plaisir, qui n'ont besoin que d'approbateurs de leurs dérèglements, qui se font des amis sans se donner la peine de les connaître, qui sont incapables d'un attachement durable, comment trouverait-on des liaisons solides? L'amitié est un sentiment sérieux et réfléchi, dont des êtres inconstants et légers ne sont point susceptibles. Un ami véritable est un trésor uniquement destiné à l'homme de bien qui en connaît le prix. Son ami n'est pas celui qui le flatte ou l'amuse; c'est celui qui lui donne des conseils utiles, qui le fortifie, qui le console des malheurs de la vie, qui l'aime pour lui-même; c'est-à-dire, pour les qualités de son esprit et de son cœur, et non pas dans des vues basses, ou pour des avantages que le hasard peut lui ravir à chaque instant.

On ne voit si peu d'amis que parce qu'on a la folie de prostituer le nom d'amitié. Dans une nation vicieuse, on ne veut que des hommes agréables, légers, et amusants; mais le flatteur, l'hypocrite, l'ami de la fortune, le vil parasite, le compagnon de nos plaisirs sensuels, les convives enjoués, l'homme à la mode, sont-ils des êtres capables de nous consoler dans nos peines, de nous aider de leurs conseils, de nous servir utilement dans des circonstances épineuses.

Si les amis sincères sont peu connus dans le monde, c'est qu'il est très peu de gens dignes d'en avoir, ou qui connaissent le prix d'une amitié solide et véritable. La douce chaleur de l'amitié n'est point faite pour le cœur glacé de la grandeur altière, que son orgueil rend communément insensible; elle n'est point faite pour l'imagination enivrée de l'homme qu'enchaînent des passions aveugles; elles n'est point crée pour le fat qui, rempli de lui-même, ne peut s'attacher à personne; l'amitié sincère appartient à l'homme solide et vrai.

On a fait de si beaux traités sur l'amitié, qu'il semblerait que la matière est épuisée; il me semble au contraire qu'elle n'est seulement pas entamée, par rapport à l'usage le plus commun de la vie.

Cicéron et ses imitateurs ont parlé de l'amitié selon les idées qu'ils s'en étaient faites eux-mêmes. C'est une spéculation qui ne convient guère à la faiblesse des pratiques, et un plan de perfection qui n'est pas ordinairement compatible avec les hommes. Ces écrivains ont fait le roman de l'Amitié, et l'on en souhaiterait la réalité; ils en ont marqué des règles pour des amis tels qu'ils n'ont jamais été et ne seront jamais. Ils se sont fait une idée abstraite et arbitraire de l'amitié, lui attribuant toutes les perfections dont ils l'ont imaginée susceptible, et la dégageant de toutes les imperfections où elle se trouve sujette dans la réalité. Il a été permis à ces grands génies de se former à leur gré une brillante spéculation sous le nom d'amitié, mais l'amitié telle qu'ils l'ont imaginée ne se trouve point. Il faudrait, pour la rendre réelle, que les hommes fussent des anges, ou, du moins, qu'ils se trouvassent affranchis d'une infinité de passions incompatibles avec l'exercice de la sorte d'amitié dont Cicéron s'était formé l'idée. Il en est de ceci comme du cercle qu'imaginent les mathématiciens; il est parfait, mais impraticable.

Nous n'avons point de leçons à donner sur l'amitié. Il serait aussi absurde de vouloir apprendre aux hommes à aimer, que de vouloir leur apprendre à respirer; l'un et l'autre leur sont également naturel : ce sera le degré de leur sensibilité qui réglera en eux la force du sentiment. Mais ce qu'on peut bien leur apprendre, et ce que plusieurs ignorent, c'est qu'on sert mal ses amis, en compromettant pour eux son honneur et sa conscience. On ne saurait trop les chérir ; ce n'est jamais par l'excès qu'on pèche dans l'amitié, mais par une affectation mal entendue. Bornons-nous donc à cette courte définition de l'amitié.

C'est une union sainte et presque religieuse, qui, par une espèce de culte, consacre tout entier l'ami à son ami. C'est une passion qui transforme deux volontés en une, et fait vivre deux êtres de la même vie et de la même ame. L'amitié est imposante et sévère. C'est un sentiment qui demande de la force dans l'ame, de la profondeur dans l'esprit, et de l'énergie dans le caractère.. Pour en bien remplir les devoirs, il faut être capable de parler et d'entendre le langage mâle et austère de la vérité; il faut avoir un courage qui ne s'étonne ni des sacrifices ni des dangers.

Guillaume III, roi d'Angleterre, avait pour le comte de Portland la plus vive amitié. La cause de cet attachement offre une anecdote intéressante dans laquelle on voit un dévouement admirable, et un prince sensible et reconnaissant.

DÉVOUEMENT DE BENTINK
POUR GUILLAUME,
PRINCE D'ORANGE, ROI D'ANGLETERRE.
ANECDOTE.

Bentink, qui fut depuis comte de Porland, fut attaché au prince Guillaume dans son enfance ; il était le principal compagnon de ses plaisirs et de ses études : leur amitié crût avec l'âge ; et lorsqu'ils furent arrivés à celui où l'on est susceptible du plus fort attachement, Bentink donna une preuve du sien qui ne pouvait que le rendre plus cher au prince.

A l'âge de seize ans, le prince fut attaqué de la petite vérole ; elle se trouva être de la plus mauvaise espèce. Les médecins, conformément à l'ignorance et à la pratique du temps, la jugèrent mortelle, à moins qu'un homme de l'âge du malade, et qui n'aurait point eu cette cruelle maladie, ne consentît à coucher avec lui. Ils prétendaient que ce corps sain, en prenant la petite vérole de cette manière, se chargeroit de toute sa malignité, et sauverait le prince. Bentink, instruit de cette décision, demanda, comme une grâce, qu'on lui permît de sauver la vie de son ami. L'avis des médecins fut exécuté ; il eut même le succès qu'ils en attendaient : Guillaume se rétablit par degrés, et vit avec la plus vive douleur dans un danger éminent l'ami qui s'y était si généreusement exposé. Il ne le quitta point, il le servit lui-même, lui présenta les remèdes dont il avait besoin, et prit avec peine la nourriture qui lui était nécessaire, tant que la ma-

5

ladie dura. Ces services réciproques ne firent
que les rendre plus chers l'un à l'autre ; et,
dans la suite, Bentink prit sur le prince d'O-
range cet ascendant absolu que des ames,
mêmes faibles, prennent quelquefois sur les
ames les plus fortes.

(Traduit des Mémoires de Guillaume CARSTARE,
secrétaire intime de Guillaume III, roi d'Angleterre, publiés par M. J. M. CORNICK.)

AMPLIFICATION DIX-SEPTIÈME.

L'ÉPERVIER ET LE ROSSIGNOL.

FABLE.

Un Épervier avait pris un Rossignol qu'il
tenait dans ses serres, et il se proposait d'en
faire son souper. Le Rossignol se plaignit ; et,
cherchant à se soustraire à la mort, « Monarque le plus courageux des oiseaux, lui
dit-il, je vous demande la vie. Que pouvez-
vous faire de moi, étant aussi mince que je le
suis ; et quel repas feriez-vous d'un corps aussi
petit, et qui a si peu de sang ? Ah ! plutôt, faites-
moi grâce, et comptez sur mon inviolable attachement. » L'Épervier, paraissant s'atten-

drir, lui dit : « Quelle espèce de service me rendras-tu, si je t'accorde la vie ? — Je conviens, répondit le Rossignol, du peu d'importance des services que je suis en état de vous rendre ; mais, si je ne puis vous être d'aucune utilité, du moins je chanterai, et par mes accents mélodieux, je charmerai vos ennuis. — Tu es maladroit, reprit l'Épervier ; le chant ne plaît que quand le ventre est plein : en attendant, tu apaiseras ma faim, et tu me fourniras un repas quel qu'il soit.

Le Rossignol se disposait à en dire davantage, mais l'Épervier le dévora à l'instant.

MORALE.

L'éloquence des faibles est en défaut contre les puissants.

AMPLIFICATION DIX-HUITIÈME.

LETTRE DE M. DALAINVILLE
A SON AMI DOLERVAL.

Depuis mon arrivée à ma terre, située près de Tours, je ne puis, mon cher ami, faire un pas sans trouver des preuves de ma vieillesse.

En descendant de voiture, je m'arrêtai quelques instants dans la cour : j'aperçus des crevasses dans les murs de la maison ; des pierres étaient tombées ; les fenêtres étaient mal fermées ; des vitres étaient détachées. Je me plaignis à mon homme d'affaires de cette négligence. Il me répondit : « Cette maison est si vieille ; il y a continuellement des réparations à faire, et elles coûtent plus que le bâtiment ne vaut. » Hélas, mon ami, mon père fit bâtir cette demeure, peu de temps après ma naissance.

J'entre dans ma maison. En examinant l'ameublement du salon, je le trouvai gothique. Mon homme d'affaires me répond : «Comment, monsieur ! tous ces meubles ont été achetés par votre ordre, lors de votre mariage avec madame.

— Pourquoi, lui dis-je, laisse-t-on ce portrait ridicule, ce petit chapeau, cet habit avec des basques, cette longue veste descendant jusqu'aux genoux, cette petite épée ? Que tout cela est vilain ! — Mais, monsieur, c'est votre portrait, lorsque vous étiez à l'âge de douze ans, répliqua l'homme d'affaires. — Mon portrait, mon portrait ! m'écriai-je, en sortant du salon. » Je descends dans le jardin ; je me plains que les arbres sont en mauvais état. « Ils sont si vieux, monsieur, répond le jardinier, si vieux ! C'est moi qui les ai plantés.

— Quel est ce petit vieillard décrépit qui s'avance ? que demande-t-il ? — Il vient vous voir. — Moi ? — Oui, monsieur. Est-ce que vous ne reconnaissez plus Augustin, avec lequel vous avez tant joué lorsque vous étiez petit ? »

Hélas, mon ami, je n'ose plus faire un pas sans trouver des preuves de ma vieillesse.

(Imitation de la Lettre de Sénèque à Lucillius.)

AMPLIFICATION DIX-NEUVIÈME.

ARGUMENT.

De tous ceux qui assiégent les grands, et leur font la cour, un petit nombre le fait par des vues d'ambition et d'intérêt ; un plus grand nombre par une ridicule vanité, ou par une sorte d'impatience de se faire voir.

N'espérez plus de candeur, de franchise, d'équité, de bons offices, de service, de bienveillance, de générosité, de fermeté, d'un homme qui s'est livré à la cour, et qui secrètement veut faire sa fortune. Reconnaissez un nouveau courtisan à son visage, à ses entretiens. Il ne nomme plus chaque chose par son nom : il n'y a plus pour lui de fripons, de fourbes, de sots, et d'impertinents. Celui dont il lui échapperait de dire ce qu'il pense, est celui-là même qui, venant à le savoir, l'empêcherait de s'avancer. Pensant mal de tout le monde, il n'en dit de personne ; ne voulant du bien qu'à lui seul, il cherche à persuader qu'il en veut à tous, afin que tous lui en fassent, et que nul du moins lui soit contraire. Non content de n'être pas sincère, il ne souffre personne qui le soit ; la vérité blesse son oreille ; il est froid et indifférent aux observations que l'on fait sur la cour et sur le courtisan ; et parce qu'il les a entendues, il se croit complice et responsable. Tyran de la société et martyr de son ambition, il a une pénible circonspection dans sa conduite et dans ses discours, une raillerie innocente, mais froide et contrainte, un ris forcé, des caresses contrefaites, une conversation interrompue, et des distractions fréquentes. Il a une profusion, le dirai-je, des torrents de louanges pour ce qu'a fait et ce qu'a dit un homme en faveur, et, pour tout autre, une sécheresse de pulmonique. Il a des formules de compliments différents pour l'entrée ou pour la sortie, à l'égard de ceux qu'il visite, ou dont il est visité ; et il n'y a personne de ceux qui se payent de mines et de façons de parler, qui ne sorte d'avec lui fort satisfait. Il vise également à se faire des patrons et des créatures ; il est médiateur, confident, entremetteur, il veut gouverner. Il a une ferveur de novice, pour toutes les petites pratiques de cour ; il sait où il peut se placer pour être vu ; il sait vous embrasser, prendre part à votre joie, vous faire coup sur coup des questions empressées sur votre santé, sur vos affaires ; et, pendant que vous lui répondez, il perd le fil de sa curiosité, vous interrompt, entame un autre sujet ; ou, s'il survient quelqu'un à qui il doive un discours tout différent, il sait lui faire un compliment de condoléance, il pleure d'un œil, et il rit de l'autre. Se formant quelquefois sur les ministres ou sur les favoris, il parle en public de choses frivoles, du vent, de la gelée : il se tait au contraire, et fait le mystérieux sur ce qu'il sait de plus important, et plus volontiers encore sur ce qu'il ne sait point.

Dans une montre, les roues, les ressorts, les mouvements, tout est caché ; rien ne paraît que l'aiguille qui, insensiblement s'avance, et achève son tour : voilà l'image du courtisan ; il revient au même point d'où il était parti.

Osons le dire : ce n'est pas à la cour qu'il faut chercher de la franchise, de la loyauté, de la vertu même. Il a existé toutefois des hommmes tels qu'Iacoub, mais ils sont rares.

LE COURTISAN VERTUEUX.

Le calife Mahadi, de la race des Abbassides, aimait les lettres, les arts, et les plaisirs. Il avait attaché à sa personne un courtisan nommé Iacoub, amateur, comme lui, des beaux arts. La voix agréable d'Iacoub, et ses saillies ingénieuses, faisaient les délices des festins de son maître; il l'admettait même dans son harem, car les califes n'étaient pas aussi jaloux que les autres princes orientaux l'ont été dans la suite : cette faiblesse n'a fait que croître chez les Musulmans. Un jour, Iacoub, sortant de la table du prince, montait à cheval pour retourner chez lui : il fit une chute, et se cassa la jambe. Le calife, instruit de cet accident, témoigna tant d'inquiétude, marqua tant de soins au blessé, qu'il excita la jalousie de tous ceux qui n'avaient pas, comme Iacoub, le bonheur de plaire à leur maître.

Ils entreprirent donc de perdre ce favori, et s'entendirent entre eux pour exciter des soupçons dans le cœur du prince. Tandis que la jambe d'Iacoub guérissait, il perdait la faveur et la confiance de son maître, car, à la cour plus qu'ailleurs, les absents ont toujours tort.

Le calife avait entendu de plusieurs bouches qu'Iacoub servait la race des Alides, ennemis et rivaux de sa maison. Lorsque son ancien favori fut guéri, loin de lui laisser apercevoir de l'inquiétude, il affecta de lui donner des témoignages de confiance. L'ayant appelé un jour, en particulier, « Iacoub, lui dit-il, je veux vous avouer ma faiblesse; je déteste, et je crains Mehemet, cet Alide qui est demeuré malgré moi dans Bagdad : il faut absolument que je m'en défasse. » Le favori voulut représenter à son maître que cet homme, sans pouvoir, sans ami, sans crédit, n'était digne que de pitié. « N'importe, reprit le calife, son existence m'inquiète ; et je dois le sacrifier à ma sûreté. Il ne faut pas le faire mourir en public ; cela exciterait la compassion générale pour cet homme. Je me repose sur vous du soin de m'en délivrer ; il est ici, je vais le mettre dans vos mains. Songez que la tranquillité de votre maître dépend de vous. Mais, un si grand service ne doit pas demeurer sans récompense ; je vous donne l'esclave qui soupa hier avec nous, et qui parut vous plaire ; et j'ajoute à ce bienfait vingt mille drachmes d'or. » Iacoub, comprenant qu'il ne fallait pas répliquer, ne parla que de sa reconnaissance. Le calife ordonna qu'on lui remît à l'instant l'esclave, la victime qui lui était confiée, et le prix du sang qu'il devait répandre. Iacoub, plus embarrassé de Mehemet que flatté de la possession de la belle esclave, les mena tous les deux dans son palais. Il y était à peine, que Mehemet, à qui le dessein du calife n'avait pu échapper, tomba aux pieds de celui qu'il croyait déjà son bourreau. « Ne pensez pas, lui dit alors Iacoub, que mon maître veuille votre mort, encore moins qu'il ait pu me choisir pour un tel crime. Mais vos prétentions doivent l'inquiéter : il faut que vous me juriez sur la tête du prophète, sur celle du respectable Ali dont vous descendez, que jamais vous ne songerez à détrôner Mahadi, ni à former aucun parti contre lui. » Le pauvre Mehemet bien heureux d'en être quitte à ce prix, promit tout ce qu'on voulut. « Allez, lui dit son libérateur ; je vous impose encore cette loi de ne pas reparaître à Bagdad : mais comme il faut que vous viviez, voilà une somme que mon maître vous donne. » Il lui remit aussitôt les vingt mille drachmes d'or qu'il venait de recevoir.

Cette action fut bientôt sue du calife ; car la belle esclave, abandonnée si généreusement à Iacoub, n'était qu'un espion que le défiant Mahadi avait attaché à ses pas. Le calife irrité fait venir le prétendu traître. « Comment vous êtes-vous acquitté, lui dit-il en colère, de la commission dont je vous ai chargé ? — Prince, lui répond Iacoub, avec la fidélité d'un sujet, et l'intérêt d'un serviteur zélé.—Malheureux, répliqua le calife, vous avez fait échapper ma victime. — Sans doute, reprend Iacoub : j'ai dû vous épargner un crime dont vous vouliez que je fusse complice, plutôt que de servir votre inquiétude et votre cruauté. Mehemet, gagné par ce double bienfait, la vie et l'argent que je lui ai remis de votre part, est devenu votre ami. Vous êtes souverain pour protéger les faibles, et la vie d'un homme n'est pas plus à vous qu'au reste de vos sujets. Vous devez faire punir les coupables, et non pas faire mourir les innocents. » Le calife, frappé de cette vérité, rendit la faveur à cet homme juste. « Je ne te croyais, dit-il, qu'un courtisan aimable, mais je vois que tu es un véritable ami, un ami vertueux. Je compte trop sur la promesse que t'a faite Mehemet, pour qu'il puisse désormais me donner aucune inquiétude. »

AMPLIFICATION VINGTIÈME.

ARGUMENT.

Les apologues, les contes et les romans, tirent leur origine de l'Orient et de la Grèce. Ce sont des fruits des pays chauds et d'une imagination vive. On les a transplantés dans nos climats, et nous les avons préparés avec un art peu connu des anciens. Les Grecs modernes aiment toujours les fables et les contes; ils ont reçu ceux des Orientaux et des Arabes, avec le même empressement qu'ils eurent autrefois pour les fables égyptiennes. Ils sont toujours épris du merveilleux ; ils ont, comme les anciens Grecs, leurs fables Milésiennes (1) et leurs romans. Les vieilles aiment toujours à conter, et les jeunes se piquent de répéter à l'envi les contes qu'elles ont appris, ou qu'elles savent faire d'après ce qu'elles ont vu elles-mêmes. En voici un, récité par une jeune Grecque, entourée de ses jeunes compagnes, travaillant à leur broderie, comme les filles de Minée, et racontant chacune à leur tour, pour s'amuser, les historiettes qu'elles savent.

CONTE GREC (MODERNE).

Un Grec d'Ephèse, nommé Nicandre, était riche et puissant; il était encore savant et vertueux : mais, accoutumé à l'opulence et au bonheur, il perdit d'abord sa femme qu'il aimait tendrement, et il fut inconsolable. Un grand incendie survint; il y perdit la plus grande partie de ses biens, et il ne put

(1) Lettre de M⁰. Huet, évêque d'Avranches, à Segrais, sur l'Origine des Romans.

soutenir ce dernier revers sans en être accablé. Nicandre, abandonné par les amis des richesses qu'il n'avait plus, sortit de la ville où il était né, pour s'épargner la douleur d'y voir des ingrats, et peut-être la honte de changer d'état aux yeux de ses concitoyens. Il alla se retirer dans un monastère abandonné, loin des villes ; il fit bâtir ensuite, auprès, une maison petite comme un ermitage, où il vécut solitaire et tranquille avec ses deux fils et une fille. Il donnait tous ses soins à sa famille. Mais ses enfants, en grandissant dans la solitude, n'étaient excités au travail ni par l'émulation ni par l'exemple ; ils devinrent donc paresseux et sauvages. Le père leur en faisait souvent des reproches, et un jour il leur dit : « Mes enfants, appliquez-vous aux connaissances que je vous donne. Si vous ne vous rendez pas capables d'être un jour par vos talents les artisans de votre fortune, que deviendrez-vous, lorsque je n'existerai plus.—Si un tel malheur nous frappe, répondit l'aîné, élevés comme nous le sommes, dans la retraite, et loin des villes, nous aurons soigné notre père dans ses vieux jours, et nous nous ferons ermites comme lui. »

Ce mot fut un oracle pour l'homme sage

Il comprit qu'il devait donner un tout autre exemple à ses enfants. Il alla s'embarquer avec eux à Smyrne, et les mena à Corinthe. Il était fort savant; il établit une école dans cette ville, et il y donna des leçons de morale. Il devint célèbre par les progrès de ses disciples, dont le nombre augmentait tous les jours. On s'aperçut bientôt d'un grand changement dans les mœurs de la jeunesse dissipée et licencieuse de Corinthe. Il rendait la vertu aimable, et apprenait aux hommes à estimer les richesses à leur juste valeur. Nicandre se servait, à la manière de Platon, de tours ingénieux pour instruire ses élèves.

APOLOGUE.

« Un jour, disait-il, le souvenir de mes malheurs m'avait plongé dans une profonde tristesse ; je m'écriai douloureusement : O Fortune, fortune !... La fortune parut aussitôt.... Mon fils, me dit-elle, de quoi m'acccusez-vous ? Voyez comme me traitent ces hommes qui se plaigent tant de moi !

« Celui que j'ai tiré des périls des combats, que j'ai arraché aux fureurs de Mars, que j'ai enfin comblé de biens, croit que je dois toujours être prodigue envers lui, et il me force à me retirer, parce qu'il me traite comme sa captive, et ne me ménage plus.

« Un autre enfouit tout ce que je lui donne : il est malheureux par mes propres bienfaits : il me recèle, il m'enferme ; et je me sauve pour abandonner cet hôte avare et meurtrier.

« Ce commerçant avide, que je veux rassasier, ne me tient que pour m'exposer sur les flots au plus cruel naufrage. Le vaisseau périt, je m'envole ; il crie encore après moi : dois-je l'écouter ? On m'appelle aveugle, on a raison ; mais voilà où l'injustice des hommes m'a conduite, à répandre mes dons sans choix ni mesure, à lasser ceux qui courent après moi.

« J'ai voulu combler de mes faveurs un sage qui habitait les champs, séjour de l'innocence et du bonheur ; mes dons l'ont gâté : son cœur s'est endurci ; il a réservé ses biens, au lieu de les répandre ; il a dédaigné, en oubliant sa naissance, l'asile où il avait vécu en paix et content. Crains donc mes bienfaits, encore plus que mes rigueurs : cesse de répéter une plainte importune. A ces mots, elle fuit : je veux la retenir ; vains efforts ! c'est peu de me confondre, elle m'échappe sans retour. »

Ainsi parlait Nicandre à ses disciples ; et

ses enfants surent profiter de ses leçons. Son fils aîné, après avoir étudié les sciences des Grecs, prit du goût pour le commerce des Corinthiens, et le desir de voyager l'engagea à s'embarquer pour l'Egypte. Son père lui avait donné l'argent nécessaire pour ses entreprises. Il fit plusieurs voyages, et gagna beaucoup en peu de temps. Le cadet exerça avec succès la médecine à Athènes, ensuite à Corinthe ; sa fille épousa un des élèves de son père, fils d'un magistrat.

AMPLIFICATION VINGT ET UNIÈME.

ARGUMENT.

Dieu, la nature, et la raison, nous invitent à faire du bien. La bienfaisance est l'amour social mis en action ; c'est l'humanité même, portée à son plus haut point de perfection ; l'humanité tendre et affectueuse qui, dans la crainte de ne pas faire assez, croit ne pouvoir jamais faire trop (1). Elle l'emporte sur la justice : celle-ci, contente de rendre à chacun ce qui lui est dû, tient la balance en équilibre ; mais la bienfaisance l'incline en faveur du pauvre, et se plaît à faire pour lui plus qu'il n'a droit d'en attendre. La bien-

---

(1) Un cœur bienveillant ne met point de bornes à ses services, a dit Publius Syrus.

faisance est au cœur humain ce qu'est aux fruits le parfum qui s'en exhale, un signe qui annonce leur excellence et leur maturité : mais ce parfum s'évapore, un souffle l'emporte ; de même, pour enlever à l'homme sa bienfaisance, il ne lui faut pas la barbarie des Cannibales, la férocité des Turcs, ou la dureté de l'avare ou de l'égoïste : l'esprit de frivolité seul peut l'éteindre.

Une éducation, dont les principes ne tendent point à la bienfaisance, quelque brillante qu'elle soit d'ailleurs, est mauvaise. La seule qualité de bienfaisance emporte avec elle toute l'étendue des devoirs de la morale. Être bienfaisant, c'est être homme de bien, homme de mérite ; c'est être un grand homme. On ne peut pas toujours rendre des services importants, quelque bonne volonté qu'on ait, parce qu'on n'est pas toujours dans une situation avantageuse ; mais, rien n'empêche de témoigner aux hommes de l'amitié, de compatir à leurs infortunes, de les aider par des conseils ; d'adoucir, par des manières obligeantes, la rigueur de leur sort ; de leur procurer des soulagements, soit par nos amis, soit par nos parents, soit par notre crédit. C'est ajouter au malheur des hommes, que d'en témoigner de l'indifférence. Ce n'est point une simple bonté d'ame qui caractérise les hommes bienfaisants ; elle ne les rendrait que sensibles et incapables de nuire : c'est une raison supérieure qui les perfectionne.

Pour être bienfaisant d'habitude, il faut se dépouiller d'un certain amour-propre, ennemi de la société, et cependant assez fréquent, qui nous concentre dans nous-mêmes, et nous montre secrètement à nos yeux comme l'objet le plus important de l'univers. Il faut regarder tous les hommes comme ses amis, ou plutôt comme membres d'un tout dont on fait soi-même partie. Celui-là n'est pas bienfaisant, qui paraît céder plus aux importunités de l'indigence qu'au sentiment de l'humanité, ou qui joue la bienfaisance comme un acteur s'acquitte de son rôle, pour se faire applaudir par une foule de spectateurs; et qui serait peut-être avare, aussi indifféremment, si l'avarice lui pouvait attirer les mêmes éloges. Celui-là seul mérite le titre d'homme bienfaisant, qui ne pense à jouir du superflu, que quand il a comblé ses semblables du nécessaire; qui n'attend pas l'occasion pour faire une bonne action, qui la cherche, la fait naître; qui entre sous le chaume de l'infortuné, comme un débiteur chez son créancier; et qui, pour ménager la délicatesse de ceux qu'il oblige, couvre ses bienfaits du voile de la pudeur et du mystère.

Le comte Spolverini, en offrant cent louis d'or pour sauver une famille dans le plus éminent danger, fait une action de sensibilité et de bienfaisance; mais, le villageois est encore plus grand que lui, parce qu'il expose sa vie pour sauver celle de son semblable, et refuse, en sa faveur, une récompense promise.

LE PONT DE VÉRONE.

NARRATION.

Dans un débordement de l'Adige, le pont de Vérone fut emporté. Il ne restait plus qu'une arcade, celle du milieu, sur laquelle était une maison, et dans cette maison une famille entière. Du rivage, on voyait cette famille éplorée tendre les mains, et appeler du secours à grand cris. Cependant la force du torrent détruisait à vue d'œil les piliers de l'arcade. Dans ce péril, le comte Spolverini propose une bourse de cent louis à celui qui aura le courage d'aller sur un bateau délivrer ces malheureux. Il y avait le danger, ou d'être emporté par la rapidité du fleuve, ou de voir, en abordant au-dessous de la maison, crouler sur soi l'arcade ruinée : le concours du peuple était immense, et personne n'osait s'offrir. Dans ce moment, passe un villageois : on lui dit quelle est l'entreprise proposée, et quel sera le prix du succès. Il monte sur un bateau, gagne à force de rames le milieu du fleuve, attend au bas de la pile que toute la famille, père, mère, enfants, vieillards, se glissant le long d'une corde, soient descendus dans le bateau. « Courage, dit-il, vous voilà sauvés. »

Il rame, surmonte l'effort des eaux, et regagne enfin le rivage. Le comte Spolverini veut lui donner la récompense promise : « Je ne vends point ma vie, lui dit le villageois ; mon travail suffit pour me nourrir, moi, ma femme, et mes enfants : donnez cela à cette pauvre famille qui en a plus besoin que moi. »

(Extrait de la Morale en action.)

AMPLIFICATION VINGT-DEUXIÈME.

ARGUMENT.

La complaisance rapproche les hommes les uns des autres ; elle nous rend aimables à ceux qui sont au-dessus de nous, nous lie plus étroitement avec nos égaux, et attire à nous nos inférieurs. Elle adoucit ce qu'il y a de désagréable dans les distinctions sociales ; elle égaye la conversation, et fait en sorte que tous ceux qui composent une réunion soient satisfaits d'eux-mêmes ; elle resserre les liens de la société, donne de nouvelles forces à la bienveillance mutuelle, encourage les timides, humanise le superbe, distingue l'homme civilisé de l'homme sauvage, et fait rentrer les hommes dans l'égalité, qui leur est naturelle, et que chaque individu ne doit jamais perdre de vue, malgré la subordination que la nécessité de l'ordre a établie parmi nous.

Quoiqu'on donne à peine à cette qualité une place parmi les vertus morales, il est certain qu'elle prête de la grâce à toutes les belles qualités, à tous les talents qu'un homme peut posséder. Nous sommes loin, toutefois, d'autoriser une complaisance qui serait incompatible avec l'honneur et l'intégrité.

Le petit conte arabe qu'on va lire prouve que l'on peut être complaisant sans bassesse, et sans blesser les lois de la franchise et de l'honneur.

LA COMPLAISANCE.

CONTE ARABE.

Elamir, réduit à une extrême pauvreté et pressé par la faim, entra chez un noble Barmécide, religieux observateur de l'hospitalité, mais sujet à certains caprices de grand seigneur. C'était précisément l'heure du dîner, la table était dressée. Le Barmécide reçut favorablement Elamir, et l'engagea à prendre place à côté de lui. Il ordonne à un esclave d'apporter un couvert de plus. Après lui avoir fait quelques signes, qu'Elamir ne put comprendre, le seigneur arabe sert une assiette vide à Elamir, et le prie de lui dire son avis sur ce potage au riz. Ce dernier, qui était homme d'esprit, voulut bien se prêter à la

fantaisie de son hôte, répondit que le potage
était excellent, et fit monter et descendre sa
cuiller, comme s'il mangeait avec beaucoup
d'appétit et de plaisir. « Que pensez-vous de
ce pain-là, lui dit le Barmécide ? n'est-il pas
très blanc et de fort bon goût. » Le pauvre
Elamir, qui mourait de faim, répondit qu'il
le trouvait délicieux. « J'en suis charmé, répliqua le Barmécide. Goûtez un peu de ce mouton bouilli avec des racines ; j'espère que vous
le trouverez bon. » Elamir tendit son assiette
de bonne grâce, et, quoiqu'il ne reçût rien, il
eut l'air satisfait. Pendant qu'il avalait ce
mouton imaginaire, et vantait son bon goût,
son hôte le pria de réserver un peu d'appétit
pour un agneau rôti et farci de pistaches, et il
ordonna à un de ses esclaves de l'apporter
sur-le-champ ; celui-ci revint avec un grand
plat dans lequel il n'y avait rien. Le Barmécide prend une fourchette et un couteau, et
découpe ce prétendu agneau, dont il sert
un morceau à Elamir. « Voilà un plat, dit-il,
qui est bon par excellence. — Assurément,
répliqua Elamir, je n'ai jamais rien mangé
d'aussi délicieux. » On servit encore plusieurs
plats chimériques, qui furent exaltés et vidés
de la même manière. On servit ensuite un

dessert invisible. Notre pauvre affamé fit un pompeux éloge de tout, et vanta particulièrement une tarte en lozange dont le seigneur Barmécide disait être l'inventeur. Elamir, las des reproches obligeants de son hôte sur ce qu'il mangeait si peu, et fatigué de remuer ses machoires à vide, demanda quartier en protestant qu'il avait dîné à merveille. « Eh bien, dit le Barmécide à ses esclaves, ôtez tous ces mets, et apportez de ces vins de Perse que je ne fais goûter qu'aux personnes que je considère. Sans vanité, ajouta-t-il, le calife n'en boit pas de meilleur. » Aussitôt il remplit d'un flacon vide, deux verres, et il en présenta un à Elamir. Celui-ci pria son hôte de l'excuser, et de le dispenser de boire, parce que, ajouta-t-il, j'ai le vin un peu brutal. Pressé obligeamment de vider son verre, il le fit d'un seul trait, après avoir loué la couleur et le parfum de ce vin. Il avala encore plusieurs verres de vin de Schiras et autres aussi délicieux. Enfin, poussé à bout par un badinage qui durait si long-temps, il feignit d'être ivre, se leva de sa place, et donna un coup de poing au Barmécide. Mais bientôt revenant à lui, il supplia son hôte de l'excuser, en lui demandant humblement pardon de son impertinence. « Hélas ! seigneur, je vous avais averti que j'avais le malheur de ne pas me posséder, lorsque les vapeurs du vin troublent mon cerveau. » Le Barmécide rit de bon cœur de la plaisanterie de son convive ; et, loin de se mettre en colère, il lui dit : « J'admire votre complaisance, et puisque vous avez bien voulu vous prêter à mon badinage, il est juste que vous en soyez récompensé. » Aussitôt il ordonna sérieusement qu'on servît ; et Elamir vit paraître successivement le potage au riz, le mouton, l'agneau rôti et plusieurs autres plats délicats, le dessert, la tarte en lozange, et différentes sortes de vins de Perse ; et il fut dédommagé amplement, par la réalité, de ce qu'il n'avait mangé préalablement qu'en idée.

(Steela the Guardian.)

AMPLIFICATION VINGT-TROISIÈME.

ARGUMENT.

Ainsi que la plupart des passions, l'amour des richesses n'est vice que par son excès. Rien n'est plus naturel et plus légitime que d'estimer, de rechercher, de conserver des biens qui nous mettent en état de pourvoir avec facilité à nos besoins, de joindre l'utile au nécessaire, et l'agréable à l'utile; d'exercer la bienfaisance envers nos proches, nos amis, et tous ceux qui peuvent avoir besoin de notre secours. Avec les richesses, on peut se procurer mille moyens de cultiver son esprit et de former son cœur; s'ouvrir, par là, une source inépuisable de plaisirs et de sentiments délicieux. On doit, par conséquent, les envisager comme un dépôt confié par le ciel, une récompense que Dieu accorde à l'industrie, au travail, et aux bonnes mœurs; une bénédiction dont il favorise les hommes vertueux. Accorder aux richesses une estime proportionnée à leur valeur; employer à leur acquisition et à leur conservation un soin qui réponde à leur importance; en faire un usage qui soit en harmonie avec leur destination; voilà les traits qui caractérisent l'amour légitime et innocent des richesses. C'est aux caractères opposés que l'on reconnaît l'avarice. Un avare élève les richesses au-dessus de tous les autres biens; il les préfère au savoir, à la vertu, aux plaisirs les plus délicats et les plus vifs. Elles ne sont pas pour lui des moyens, mais la fin à laquelle il rapporte tout, il sacrifie tout, de laquelle il attend tout. Pour acquérir, conserver et augmenter ses richesses, l'avare n'épargne, ni peines ni travaux, ni veilles ni fatigues; il s'expose à toutes sortes de dangers, à celui de la mort même. C'est beaucoup, s'il est retenu par les règles de la justice, et si, après avoir sacrifié à sa passion son repos et sa santé, il ne lui immole pas encore sa réputation, sa probité, et la paix de sa conscience. Toujours

6

avide dans l'acquisition, inquiet dans la possession,
il ne peut prendre son parti dans la perte, et c'est
surtout en ce point que l'avarice se montre ordinairement à découvert de l'or. Jetez les yeux sur cet
avare : ses joues creuses et livides décèlent son éternelle soif; les soucis cuisants y sont tracés en hideux
caractères; il ne s'occupe qu'à chercher un lieu pour
y déposer son trésor; il ne se fie pas à lui-même;
une ombre l'épouvante, un souffle le fait trembler; il
craint que sa pensée ne le trahisse. Hélas! quelle vie
déplorable! Lorsqu'il parvient enfin au dernier terme
de sa carrière, il rentre dans le sein de la terre nu
comme il en est sorti, et tant de richesses sont souvent ou perdues, ou le partage d'un prodigue.

MORT TRAGIQUE D'UN AVARE.

NARRATION.

Un habitant d'une petite ville de France,
avait amassé une somme très considérable, en
se privant pendant un grand nombre d'années de toutes les douceurs de la vie. Méfiant
comme sont tous les avares, le moindre vent,
le bruit d'une souris le faisait frissonner. Toujours tremblant pour son cher trésor, il s'adressa à un ouvrier, pour faire construire un souterrain, dans lequel il pût entrer par le moyen
d'une trappe qu'un ressort mettrait en mouvement. L'affaire est conclue, et l'ouvrier, qui

avait promis le secret le plus inviolable, construit seul ce souterrain, sous les yeux du maître; il ouvre et ferme en dedans et en dehors
la planche mouvante qui donnait ou refusait
l'entrée. L'avare examine tout avec attention,
fait l'épreuve à son tour, la réitère plusieurs
fois de suite, et congédie l'ouvrier, après lui
avoir payé la somme promise. Tous les jours il
allait visiter son cher trésor; et là, se croyant
bien en sûreté, contemplait avec délices, pendant plusieurs heures de suite, les pièces d'or
renfermées dans un coffre fort. Il les comptait,
les rangeait en piles sur une table, les recomp-
tait encore avant de les remettre à leur place.
Un jour, les yeux fixés sur son or, sa lampe
s'éteint. Il veut sortir, mais il ne peut plus
trouver le secret. Dans son inquiétude, il
cherche à soulever la trappe : vains efforts;
elle reste fermée. Il crie de toutes ses forces,
il implore du secours; mais la voix ne parvient, ni aux oreilles de sa femme, ni à celles
des domestiques. Plusieurs jours se passent,
on ne voit point le maître, on ne sait ce qu'il
est devenu, toute la maison est dans la plus
grande inquiétude. Sa femme le fait enfin
redemander par un crieur public. La nouvelle de sa disparition se répand par toute

6.

la ville , et parvient jusqu'aux oreilles de l'ouvrier qni avait construit le souterrain. Cet homme, se doutant que le secret de la trappe a pu se déranger , court chez les magistrats, et leur révèle tout ce qu'il a fait précédemment. On se transporte de suite chez l'avare, et là , en présence de sa femme et des gens de sa maison, on ouvre le caveau. O spectacle affreux ! On voit un homme étendu sans vie sur un trésor. Le malheureux, pour prolonger sa vie de quelques jours , avait dévoré un de ses bras.

AMPLIFICATION VINGT-QUATRIÈME.

ARGUMENT.

Tous les bons esprits sont maintenant d'accord sur l'utilité du savoir, sur les plaisirs qu'il fait goûter à l'ame, et sur les perfections qu'il donne à l'homme. Suivons une idée plus neuve, tâchons de prouver que le temps dont on ne fait pas toujours un bon usage paraît ennuyeux et long, et celui qu'on emploie à lire, à étudier et à s'instruire, est rapide et sans ennui. Si je puis réussir, j'aurai trouvé le secret d'alonger la vie humaine, et de tirer parti de tous les moments qui la composent. Loke observe que nous n'avons l'idée du temps qu'en réfléchissant sur cette suite d'idées ou de pensées qui naissent l'une après l'autre dans notre esprit; qu'ainsi, un homme qui dort profondément, et sans rêver, n'a aucune perception du temps qu'il met à dormir, et qu'à son réveil il ne voit aucun intervalle entre le moment où il a cessé de penser et celui où il recommence. Il ajoute qu'il en serait de même d'un homme éveillé, s'il lui était possible de fixer dans son esprit une seule et même idée sans variation et sans succession. Nous pouvons même remarquer que, quand nous pensons fortement à une chose, au point de ne sentir qu'à peine la succession d'idées qui se fait dans notre esprit pendant cette espèce d'extase, alors le temps nous paraît plus court qu'il n'est en effet, et que, dans ce calcul des parties écoulées, nous faisons toujours la somme trop faible. De ce principe de Loke, on peut tirer bien des conséquences, et celle-ci, entre autres, qu'en pensant à rien ou à peu de chose l'homme réduit à peu de choses ou à rien le temps qui lui est donné pour vivre, et qu'au contraire il ne tient qu'à lui de l'étendre, en multipliant, en variant ses pensées et leurs objets, en s'habituant à les faire seccéder l'une à l'autre avec une certaine rapidité. Malebranche, dans sa Recherche de la Vérité, qui a précédé de plusieurs années l'Essai sur l'Entendement humain, dit « qu'il pourrait y avoir des êtres pensants, pour qui une demi-heure serait en durée ce que mille ans sont pour nous; qui regarderaient une de nos minutes comme nous regardons une heure, une semaine, un mois, un siècle. » Cette pensée de Malebranche sert à prouver le principe établi par Loke; car, si nous n'avons l'idée du temps qu'en réfléchissant sur la succession de nos pensées, et s'il est vrai, d'ailleurs, que cette succession puisse être accélérée ou retardée à l'infini, il s'ensuit que deux êtres pensants auront, de la même portion de durée, une idée très différente, selon que leurs pensées, que je suppose également distinctes, se succèderont l'une à l'autre avec plus ou moins de célérité. S'imaginerait-on que, sur cette matière, la métaphysique de Mohammed (ou Mahomet) eût été la même que celle de Malebranche et Loke.

Il y a dans le Koran un chapitre célèbre qui peut au moins le faire soupçonner. Il y est dit « qu'un matin le prophète fut enlevé de son lit par l'ange Gabriel; qu'il parcourut les sept cieux, le paradis et l'enfer; qu'il en vit distinctement toutes les merveilles, et qu'il eut avec Dieu quatre-vingt-dix mille conférences. Tout cela, dit le Koran, se passa en si peu de temps que Mohammed rapporté dans son lit se trouva encore chaud, et que l'eau d'une aiguière qu'il avait renversée n'était pas encore tout-à-fait répandue. » A ce miracle du Koran, on peut joindre une fort jolie historiette, tirée des Contes turks, et qui a rapport au miracle et à ce sujet.

———

LE SULTAN INCRÉDULE.

VISION.

Un sultan d'Egypte se piquait d'être ce qu'on appelle un esprit fort; il ne croyait point au voyage admirable de Mahomet, et il osait s'en moquer comme d'une chimère. Un jour qu'il s'entretenait avec un docteur musulman qui avait le don de faire des miracles, ce saint homme lui promit de le guérir de son incrédulité, s'il voulait faire ce qu'il lui dirait. Le sultan le prend au mot, et se place, par son ordre, auprès d'une grande cuve remplie d'eau jusqu'aux bords. Toute sa cour était présente, et formait un cercle autour de lui. Alors le saint homme ordonne au monarque d'y plonger la tête, et de l'en retirer sur-le-champ. Le monarque obéit : mais à peine eut-il mis la tête dans l'eau, qu'il se trouva seul au pied d'une montagne, sur le bord de la mer. Qu'on se figure son étonnement et sa colère. Il maudit le perfide docteur, et jura qu'il ne lui pardonnerait jamais. Après quelques instants de réflexions, et jugeant que la colère et les menaces ne remédieraient à rien, il songea au plus pressé, à trouver un moyen de subsister dans ce pays inconnu. Il aperçut des bûcherons qui travaillaient dans une forêt voisine; il les joignit, et ces bonnes gens le conduisirent à une ville un peu éloignée de la forêt. Là, après plusieurs aventures, il épousa une femme fort belle et fort riche dont il eut quatorze enfants, sept garcons et sept filles.

Elle mourut, et il se vit réduit par divers accidents à une pauvreté extrême; en sorte que, devenu porte-faix, ce malheureux prince allait dans les rues, offrant ses services au premier venu. Un jour qu'il se promenait sur le bord de la mer, il se mit à comparer tristement sa misère présente et sa félicité passée. Comme les malheureux sont naturellement dévots, il voulut faire sa prière, et s'y préparer par l'ablution (1), selon l'usage des Mu-

(1) Cérémonie religieuse qui consiste à laver le corps ou quelques-unes de ses parties avant le sacrifice; elle était en usage chez les Egyptiens, les Grecs, et les Romains, comme une sorte de purification. Les Mahométans sont persuadés que l'eau purifie toutes les souillures de l'ame et du corps : cette croyance leur vient des descendants d'Ismaël. Le Koran prescrit trois sortes d'ablutions. La première, *abdest,* se fait avant d'entrer dans la mosquée, pour se préparer à la prière et à la lecture du Koran. On se lave d'abord les mains et les bras; ensuite le front, le haut de la tête, les oreilles, le visage, les dents, le dessous du nez, et les pieds. Mahomet a réglé la quantité d'eau qu'on doit employer pour cette première ablution. La seconde, *goul* ou *guzul,* se fait en entrant dans un bain chaud; elle est d'obligation pour les époux, en se levant le matin. Le Musulman qui néglige ces pratiques est appelé du nom de *Giunab,* c'est-à-dire, dont les prières doivent être en abomination devant Dieu; il est regardé comme impur, et écarté de la société. La troisième ablution, *taharet,* est recommandée après les évacuations naturelles; elle ne se fait qu'avec les trois derniers doigts de la main gauche. Les Musulmans sont si rigoureux obser-

sulmans. Il ôte ses vêtements pour se purifier dans la mer ; il s'y plonge, et voici un autre prodige : en mettant sa tête hors de l'eau, il se retrouva au bord de sa cuve, avec le docteur et ses courtisans.

Sa suprise et sa joie ne l'empêchèrent point d'éclater contre le docteur. Il lui reprocha amèrement cette malice perfide qui avait exposé son prince à tant d'aventures bizarres, à des infortunes si longues et si humiliantes. Mais, quel fut l'étonnement du sultan ; quand toute l'assemblée lui protesta que ses aventures se réduisaient à un moment d'extase, qu'il était resté près de la cuve, et n'avait fait autre chose qu'y plonger la tête et l'en retirer. Alors, le saint homme prit la parole pour lui faire sentir que rien n'est impossible à Dieu, et que celui pour qui mille ans sont comme un jour, peut bien faire qu'un seul jour, qu'un seul instant même, soit comme mille ans pour ses créatures.

vateurs de leurs ablutions, qu'ils ont renoncé à la conquête de plusieurs contrées, parce qu'ils y manquaient d'eau, ou que, pour y arriver, il fallait traverser des déserts où il ne se trouvait pas de source. Quelquefois, lorsqu'ils ne peuvent faire autrement, ils simulent l'ablution avec du sable.

FIN DE LA DEUXIÈME PARTIE.

TABLE
DES AMPLIFICATIONS.

DEUXIÈME PARTIE.

FIN DE LA TABLE DE LA DEUXIÈME PARTIE.

CORRIGÉ

DES AMPLIFICATIONS

FRANÇAISES.

TROISIÈME PARTIE.

CORRIGÉ

DES AMPLIFICATIONS

FRANÇAISES.

TROISIÈME PARTIE.

AMPLIFICATION PREMIÈRE.

LA FABLE

ENTRE LES MAINS DES VOLEURS.

La déesse des poëtes, la Fable, étant seule en voyage, tomba malheureusement entre les mains des voleurs. Une bande de miquelets l'arrêta. Les coquins lui demandèrent la bourse, et furent si piqués de ne rien trouver dans celle qu'elle leur abandonnait, qu'ils se mirent à la dépouiller pour avoir ses habits, puisqu'il n'y avait point d'autre profit à faire avec elle. La déesse prit son mal en patience : mais les brigands crurent qu'ils n'auraient jamais fini. Chaque robe qu'ils lui ôtaient en cachait une autre ; tantôt des pel-

leteries de différens animaux, tantôt du bro-
cart. O Mercure, que nous te devons d'encens ! dirent messieurs les intéressés, pleins
d'allégresse ; cette femme est une garde-robe
ambulante ! Mais qu'arriva-t-il ? C'est que la
Fable, une fois dépouillée, offrit à leurs yeux
la vérité dans tout son éclat. La troupe scélé-
rate ne put le soutenir ; ils baissèrent les yeux,
et tombèrent à ses genoux, en s'écriant :
« Déesse, reprenez vos habits. »

Qui pourrait soutenir l'aspect de la vérité
toute nue ?

(Traduit de Lichtwehr.)

AMPLIFICATION DEUXIÈME.

LETTRE DE DÉLIE A ANAÏS.

MA CHÈRE ANAÏS,

Tout ce qu'il y a de spirituel et d'aimable
dans les deux sexes, tout ce qui se pique de
l'être, se fait un devoir d'aller assidument
chez Clarence. Elle est dans cette saison de
la vie qui n'est sujette, ni aux folies de la jeunesse, ni aux infirmités de l'âge avancé ; et,

dans tout ce qu'elle dit, les nuances de sagesse et d'enjouement sont si bien ménagées,
que sa conversation a de quoi plaire à tous les
âges. Elle vit sans se contraindre, sans se
mettre en peine de la critique, et sans lui
laisser la moindre prise. Exempte de passions,
elle est tout entière à l'amitié. Il n'est aucun
de ses amis qui ne vienne lui confier le secret
de ses affaires, et celui de son cœur.

J'allai hier passer la soirée chez elle : depuis que j'ai été présentée, on veut bien me
recevoir à titre de femme sans prétention.

Je l'ai trouvée seule avec un bavard de
profession, qui s'est levé pour me saluer d'une
manière assez leste, et s'est remis à sa place
sans me regarder davantage. Il a repris à
l'instant une dissertation qu'il avait entamée.
Elle roulait sur un sujet qui n'est pas neuf, sur
la constance des femmes. Ce personnage a
débité, avec une facilité merveilleuse, je ne
sais combien de lieux communs, les mêmes
qu'il répète tous les jours de sa vie. Il a en-
trepris de prouver l'inconstance et la légèreté
du beau sexe ; il a appuyé ses preuves d'une
foule d'autorités, tirées de nos comédies, de
nos romans satiriques ; et il a accompagné
tout cela de gestes et d'éclats de rire qui

n'ont pas été contagieux. Il me semble que l'envie de briller devant une femme d'esprit, et d'humilier une femme qui ne disait mot, ajoutait encore quelque chose à son éloquence et à sa sottise ordinaire. Clarence a voulu l'interrompre plusieurs fois : mais il ne lui fut pas possible de placer un mot. Il a fallu attendre que notre babillard finît de lui-même. Il s'est arrêté après avoir raconté l'histoire de la matrone d'Ephèse qu'il a bien voulu nous apprendre, et qui a été massacrée inhumainement.

Toutes ces belles choses, par malheur, n'ont été reçues que comme des outrages qu'on faisait aux dames. La nôtre m'a paru irritée tout de bon ; et j'ai toujours observé que, soit qu'elles aient plus de délicatesse en matière d'honneur, soit pour quelque autre raison que j'ignore, les femmes sont beaucoup plus sensibles à ces reproches généraux dont on noircit leur sexe. Cependant Clarence s'est contenue, et, après avoir calmé son dépit secret, elle lui dit : « J'admire, monsieur, les choses neuves que vous venez de dire, et particulièrement votre belle histoire qui n'a pas encore deux mille ans accomplis ; et je sens ma témérité, en osant rétorquer les arguments d'un adversaire aussi redoutable que vous paraissez l'être. J'oserai pourtant vous dire que vos citations m'ont fait ressouvenir de la fable du lion et de l'homme. « Ils voyageaient ensemble, et l'homme pour faire valoir la supériorité de son espèce, fit remarquer à son compagnon une enseigne où l'on avait peint un homme terrassant un lion. Le fier animal lui répondit fort sensément : « Nous autres lions, nous ne sommes pas peintres, et c'est dommage; car, pour un lion tué par un homme, nous vous ferions voir cent hommes, mis en pièces par des lions. »

Vous êtes auteurs, messieurs; et, dans vos écrits, vous pouvez nous peindre aussi détestables qu'il vous plaît, sans que nous puissions vous le rendre. Vous, monsieur, vous disiez tout à l'heure, et vous ne l'avez pas dit pour une fois, que l'hypocrisie est la base de nôtre éducation; que la première vertu dont une femme se piqué, c'est l'art de cacher tout ce qu'elle pense et tout ce qu'elle sent : mais cette imputation, et tant d'autres que l'on trouve répandues dans tous les livres, que prouvent-elles? Le dépit et le ressentiment de ceux qui les ont inventées. Un bel esprit, maltraité par une femme, s'en venge en déchirant tout le sexe , et il laisse dans un livre un monument de sa vengeance. Voilà, j'en suis sûre, votre auteur ; voilà, d'où nous vient sa satire outrée, ou , si l'on veut, le conte plaisant de cette matrone si fragile. Mais, pour juger le procès des deux sexes, ce grand procès aussi vieux que l'homme et la femme, et qui a produit tant de plaidoyers sérieux et badins, et qui a tant excité la verve de vos auteurs satiriques, interrogeons, si vous m'en croyez, d'autres témoins que tous les beaux esprits; interrogeons ces gens simples qui n'ont ni assez de vanité ni assez d'imagination pour les embellir.

AMPLIFICATION TROISIÈME.

ARGUMENT.

Être aimé et estimé, voilà le but de toutes nos actions ; posséder une bonne réputation , voilà le plus grand de tous les biens. Celui qui cherche à nous ravir ce que nous avons de plus précieux , est un monstre exécrable; et ce monstre, c'est le calomniateur. Il réunit, à la méchanceté haïssable du médisant qui cherche à nuire par ses discours à la réputation de son semblable, la fausseté odieuse du menteur qui parle contre sa conscience, et la bassesse méprisable

du lâche qui attaque ceux qui ne peuvent pas se défendre. Il est de la société le membre le plus criminel, le plus odieux, et le plus vil. Esprit faux, le
mensonge est sur ses lèvres; cœur atroce, la fausseté
est dans sa bouche; instrument odieux d'une méchanceté froide et réfléchie, il assassine sans passion, comme le brigand, et ne peut pas justifier son
crime par la surprise de quelque mouvement impé-
tueux qui trouble la raison; ame lâche, il attaque en
secret, soit pour se mettre à couvert d'un juste ressentiment, soit pour porter plus sûrement ses coups;
ennemi de la société, il en bannit la confiance, sans
laquelle il ne peut y avoir de liaison agréable entre
les hommes : il prive ceux qu'il attaque d'un bien
sans lequel tous les autres ne sont rien. Calomnier
un homme, c'est lui faire une injustice aussi criante
que si on lui ravissait ses biens ou sa vie, quand il
n'a pas donné lieu d'en être dépouillé. On doit donc
mettre la calomnie au rang des plus grands crimes.

Dans tous les temps, ce crime a été en horreur à
tous ceux qui conservent quelque sentiment d'hon-
neteté morale. Les lois ont toujours sévi contre celui qui s'en rendait coupable, et jamais les calom-
niateurs n'ont été tolérés que par ces princes exécra-
bles, tyrans odieux, et cruels, qui se jouaient de
l'honneur, de la vie et des biens de leurs sujets; ne
redoutaient, ne haïssaient que la vertu et la droi-
ture, et employaient, pour s'en défaire, le ministère
infâme des délateurs. Les lois les plus anciennes qui
nous soient connues, celles de Moïse, condamnaient
le calomniateur à subir la peine que le juge aurait dû

infliger à l'accusé, s'il eût été réellement coupable (1). La même loi avait lieu chez les Egyptiens et les Athéniens, selon Diodore de Sicile (2).

La loi des Douze Tables, chez les Romains, condamnait à mort celui qui aurait couvert quelqu'un d'infamie par des libelles (3). Les lois civiles de ce peuple, condamnaient à l'exil un faux accusateur, quelquefois aussi à être marqué au front de la lettre K, parce que anciennement cette lettre s'employait en place du C, et qu'on écrivait *Kalumniator.* On avait le droit de faire paraître devant le préteur un calomniateur simple, qui, dans sa conversation particulière, avait injustement chargé une personne de quelque blâme (4).

L'ASPIC.

FABLE.

Dans les déserts de l'Afrique, sous quelques broussailles à demi brûlées par le soleil, rampait un aspic affreux. Il mordait tous les animaux qui passaient auprès de lui, sans raison, sans prétexte même, pour le seul plaisir de mal faire ; et tout ce qu'il avait une fois mordu

(1) *Exode*, xx, xxiii. *Deut.*, xix.
(2) Lib. i.
(3) Saint Augustin, *De la cité de Dieu*, lib. ii, c. 9.
(4) Heineccius, *Ant. Rom. ad Instit.* lib. iv, tit. xvii. *Digest.* lib. xlvii.

n'allait pas loin : on voyait enfler la partie offensée, le venin gagnait le cœur, et la mort la plus prompte terminait l'aventure. Il exerça long-temps ce brigandage avec impunité. Mais un jour qu'il rampait au soleil, il vit son ombre à côté de lui, et la prit pour un serpent étranger. Le reptile scélérat se jeta dessus avec tant de furie et de précipitation, qu'il se mordit lui-même à la queue, et il expira quelques moments après du même genre de mort que ses dents empoisonnées avaient fait souffrir à tant d'autres animaux innocents.

Calomniateur ! le sort de l'aspic sera le tien, tôt ou tard.

(Lichtwehr.)

AMPLIFICATION QUATRIÈME.

ARGUMENT.

Heureux, celui qui, libre de toutes affaires, cultive en paix l'héritage de ses pères, et habite les champs, a dit Horace.

La salubrité de l'air, le parfum des fleurs, les douces nuances des objets, tout y est salutaire pour l'ame et pour le corps, parce que tout y est dans une juste proportion, dans un accord admirable avec nos organes. C'est là le véritable séjour de l'homme, et de tout ce qui vit dans la nature. Les habitants de la campagne, surtout ceux qui ne respirent presque jamais l'air empoisonné des villes, sont sains, frais, robustes, gais, et contents. C'est aux champs qu'il faut chercher l'homme de la nature; il y est beau et bon. Si on y trouve quelquefois de la corruption, elle y a été apportée des villes voisines. Le travail de la campagne n'a rien d'assez pénible en lui-même, pour émouvoir la compassion de ceux qui ne le connaissent pas. L'objet de l'utilité publique et privée le rend intéressant. N'est-il pas d'ailleurs la première vocation de l'homme (1)! Il rappelle à l'esprit une foule d'idées

(1) En recherchant l'origine de tous les peuples du monde, on voit que, dans le principe, chaque individu cultivait une portion de terre; que les peuples ont été puissants, sains, riches, sages, et heureux, tant qu'ils ont conservé cette noble simplicité de mœurs et cette vie toujours occupée qui les garantissait de tous les vices et de tous les maux. La république romaine n'a jamais été plus heureuse et plus respectée que du temps de Cincinnatus. On voit enfin que la décadence de tous les états a toujours été l'instant où la mollesse, bâtissant des villes, y a entassé une foule de fainéans, frelons consommateurs, qui, ne sachant que faire, se sont successivement livrés à tous les vices. Le luxe, ce serpent dangereux, a bientôt corrompu des ames affaiblies par des jouissances continuelles, et blasées par les excès. Plus de patrie, plus d'union. Le sang, ce baume précieux, devient poison dans les veines de ces hommes dégénérés et corrompus : leurs liqueurs exaltées et aigries, agaçant et

...gréables, et au cœur tous les plaisirs de l'âge d'or. ...'imagination ne reste point froide à l'aspect du labourage et des moissons. La simplicité de la vie pastorale et champêtre a toujours quelque chose qui touche l'ame. Quand on regarde les prés couverts d'hommes laborieux qui fauchent et chantent gaiement;

...picotant sans cesse leurs nerfs, irritent leurs desirs et les multiplient. Ils se dépravent, et la métamorphose s'achève. Les êtres autrefois si simples et si bons, devenus orgueilleux et pleins de vanité, méprisent les compagnons de leurs premiers travaux. L'homme né libre et fier abhorre l'avilissement; il fuit pour y échapper : on déserte les campagnes; les terres restent en friche; le vrai commerce languit.

On a recours aux arts, faible et frivole ressource, puisqu'elle dépend absolument du caprice. Comment des êtres, faits pour raisonner, peuvent-ils mettre un aussi ridicule moyen, en comparaison avec l'agriculture! N'est-ce pas pour elle seule que les saisons se renouvellent ; si le froid succède au chaud, n'est-ce pas pour laisser reposer la terre, et y concentrer les sels nourriciers ? Les pluies, les vents, les rosées, en un mot, cet ordre admirable et immuable que l'Être suprême a prescrit à toute la nature a-t-il d'autre objet que le renouvellement successif des productions nécessaires à notre existence ? O hommes orgueilleux ! prosternez-vous devant le Maître de l'univers : espérez tout de sa bonté, mais ne lassez pas sa patience. Fuyez les grandes villes, ces séjours d'horreurs et d'iniquités..... courez aux champs, et tâchez de mériter, par une vie laborieuse et pure, que l'Être suprême, vous rende ce goût innocent pour les plaisirs vrais et naturels, qui seuls peuvent vous rendre heureux.

quand on considère les troupeaux épars dans l'éloi
gnement, les arbres couverts de fleurs ou de fruits
la terre parée des plus brillantes couleurs; on se sen
attendri sans savoir pourquoi. Tout porte dans l'am
une douce sérénité, une douce ivresse.

Les citadins ne savent ni aimer ni habiter la cam
pagne. Au milieu des champs, à peine remarquent
ils ce qu'on y fait. Ils dédaignent ou ignorent les tra
vaux et les plaisirs champêtres : ils sont là comme e
pays étranger; faut-il être surpris qu'ils s'y déplaisent

Uue impression générale qu'éprouvent tous le
hommes, quoiqu'ils ne l'observent pas tous, c'es
quand on est sur de hautes montagnes où l'air es
pur et subtil. On se sent alors plus de facilité dan
la respiration, plus de légèreté dans le corps, plu
de sérénité dans l'esprit; les plaisirs y sont moins ar
dents, les passions plus modérées; les méditations
prennent un caractère de grandeur et de sublimité
proportionné aux objets qui nous frappent. Je n
sais quelle volupté tranquille, qui n'a rien d'âcre e
de sensuel, coule avec le sang dans les veines. I
semble qu'en s'élevant au-dessus du séjour des hom
mes, on y laisse tous les sentiments bas et terrestres
qu'à mesure qu'on approche des régions éthérées
l'ame y contracte quelque chose de leur inaltérabl
pureté. On y est grave sans mélancolie, paisible san
indolence, content d'exister et de penser : tous les
desirs trop vifs s'émoussent; ils perdent cette point
aiguë qui les rend douloureux; ils ne laissent au fon
du cœur qu'une émotion douce et légère; et c'est ains
qu'un heureux climat fait servir à la félicité de l'homm
les passions qui font ailleurs son tourment.

DESCRIPTION D'UNE FERME.

Rien n'est plus beau, à mon gré, qu'une vaste maison rustique, dans laquelle entrent et sortent, par quatre grandes portes cochères, des chariots chargés de toutes les dépouilles de la campagne : les colonnes de chêne qui soutiennent toute la charpente sont placées à des distances égales sur des socles de roche ; de longues écuries règnent à droite et à gauche ; cinquante vaches, proprement tenues, occupent un côté avec leurs génisses ; les chevaux et les bœufs sont de l'autre : leur pâture tombe dans leurs crèches du haut de greniers immenses. Les granges, où on bat le blé sont au milieu ; et vous savez que tous les animaux, logés chacun à leur place dans ce grand édifice, sentent très bien que le fourrage, l'avoine qu'ils renferment, leur appartiennent de droit. Au midi, de ces beaux monuments d'agriculture, sont les basses-cours et les bergeries ; au nord, sont les pressoirs, les celliers, la fruiterie ; au levant, les logements du régisseur et de trente domestiques ; au couchant, s'étendent les grandes prairies, pâturées et engraissées par tous ces animaux, compagnons du travail de l'homme.

7

Les arbres du verger, chargés de fruits à noyau et à pepins, sont encore une autre richesse. Quatre ou cinq cents ruches sont établies auprès d'un petit ruisseau qui arrose le verger; les abeilles donnent au possesseur une récolte considérable de miel et de cire, sans qu'il s'embarrasse de toutes les fables qn'on a débitées sur ce peuple industrieux; sans rechercher très vainement si cette nation vit sous les lois d'une prétendue reine qui se fait soixante à quatre-vingt mille sujets par ses enfants.

Il y a des allées de mûriers à perte de vue : les feuilles nourrissent ces vers précieux qui ne sont pas moins utiles que les abeilles.

Une partie de cette grande enceinte est fermée par un rempart impénétrable d'aubé-pine, proprement taillée, qui réjouit l'odorat et la vue.

Telle doit être une bonne métairie.

(VOLTAIRE, t. LXXI, p. 285.)

AMPLIFICATION CINQUIÈME.

ARGUMENT.

Pour bien connaître les causes du bonheur, ou les plaisirs, il est nécessaire d'en distinguer deux espèces : les plaisirs de l'imagination, et ceux de la nature, ceux qui, sans dépendre de la mode ou du caprice de tel siècle et de telle nation, ont, avec la nature humaine, un rapport constant et universel, ceux que Dieu institua pour récompenser l'homme, toutes les fois qu'il userait de ses facultés conformément à la fin pour laquelle il les a reçues. J'appelle plaisirs de l'imagination, tous ceux qui n'ont pas un rapport naturel à notre bien-être, tout ce qui n'est plaisir que pour certaines gens, et grâce à certain goût d'accident et de fantaisie qui les a subjugués.

Il y a dans notre ame un instinct qui la porte aux plaisirs naturels; et Dieu lui-même est l'auteur de cet instinct. Or, Dieu sait mieux que nous comment il nous a formés; il a mieux vu les plaisirs dont la recherche serait plus aisée, et la jouissance plus agréable. De cela seul, il s'ensuit, premièrement, que les objets des plaisirs naturels ne sont ni coûteux ni pénibles à acquérir; car, selon la maxime dont l'univers entier forme la preuve, Dieu n'a rien fait en vain : or, rien ne doit être moins vain, dans la création, que l'instinct et les appétits qu'il a donnés à l'animal; la sagesse et la bonté sont intéressées à les satisfaire. Il s'ensuit, en second lieu, que ces plaisirs, si faciles dans la recherche, sont encore délicieux dans la jouissance ; et d'autant plus délicieux, que l'ame qui s'y prête sent qu'elle agit selon la nature, et de concert avec la Providence.

Les plaisirs naturels sont ceux que l'on goûte par la raison aussi-bien que par les sens ; et puisque la raison est aussi essentielle à l'homme que le sentiment, je crois que les plaisirs des sens ne méritent d'être appelés plaisirs naturels qu'autant que la raison les règle et les modère. On a peine à concevoir qu'un désordre ou qu'un excès puisse être un plaisir ; comment pourrait-il être un plaisir naturel ? C'est pour réjouir nos sens que la nature a formé les objets divers dont le monde est composé ; et comme cette destination fait tout leur prix pour quiconque sait sentir et juger, on peut conclure que, jouir du produit de ces objets, du plaisir que la nature y attache, c'est en devenir le possesseur et le propriétaire naturel. On peut croire que tous les objets agréables sont des biens que la nature nous a donné en propre.

(Extrait du Spectateur,)

LES PLAISIRS DE L'IMAGINATION.

LETTRE D'ERNESTINE A SON AMIE EUPHROSINE.

Que je plains, ma chère Euphrosine, ces personnes dévorées de l'insatiable desir de posséder réellement tout ce qu'elles voient et tout ce qui leur plaît. Ton Ernestine est bien plus heureuse ; elle jouit de tous les objets qui lui plaisent sans les posséder, et tout cela en imagination.

Quand je suis à la campagne, je deviens maîtresse de tous les châteaux où je vais me promener. Ces bois, ces prairies, ces jardins charmants, tout cela m'appartient pour un instant. Je ris de voir le propriétaire réel, relégué dans la capitale où je lui laisse le vain plaisir d'entasser dans son coffre-fort l'argent de tous ses fermiers, tandis que moi, propriétaire naturel, je goûte sous un ciel pur toutes les délices de la vie champêtre. Ainsi, j'ai acquis aux environs de Paris une demi-douzaine de maisons charmantes. Un avocat s'imaginera qu'elles appartiennent à messieurs tel ou tel ; mais moi, je suis bien sûre qu'elles sont à moi, puisque j'en jouis. Quand je me promène aux Champs-Elysées, ce principe m'assure la propriété de toutes les belles voitures que je rencontre : ces chars si brillans, si bien dorés, ne sont bons qu'à réjouir mes yeux, et à flatter l'imagination des personnes obligeantes que j'y vois assises. Hélas ! elles se mettent en frais, elles se parent de leur mieux pour me plaire ; il est bien juste aussi qu'elles aient quelque plaisir : mais le leur est imaginaire, et le mien est réel. Ce même principe m'a conduite à une autre découverte; c'est que la nature m'a donné toutes les étoffes les plus riches, les broderies, les bijoux, les diamants que je vois aux promenades, aux spectacles, aux bals et autres réunions. Il est certain qu'il y a plus de plaisir, et un plaisir plus naturel à contempler cette magnificence qu'à l'étaler sur soi : ainsi je regarde nos belles dames et nos petits-maîtres, comme des tulipes dans un parterre, et des perroquets dans une volière, qu'on n'a mis là que pour mon amusement.

La nature me donne encore les galeries de tableaux, les cabinets de curiosité, les bibliothèques; tout cela est à moi, dès que je puis y entrer librement : en un mot elle me donne tout ce que je demande, l'usage des choses; et je laisse à qui voudra le soin de me les garder. Voilà ma philosophie, et voilà comme je suis devenue une des plus riches particulières de l'Europe, avec cette différence, entre moi et les Crésus vulgaires, que ni l'envie publique ni mes propres inquiétudes n'ont jamais empoisonné mon bonheur. Cette philosophie m'est encore d'une grande ressource dans l'administration de mes finances, qui, toute riche que je suis, ne sont pas considérables... Mon lit, mon sopha, mes fauteuils, mes rideaux, sont d'une étoffe peu chère et très jolie; tout cela est brodé de ma main. Je n'ai pas une porcelaine; mais j'ai des verres et des cristaux de toutes les formes, remplis de fleurs naturelles : quoiqu'ils soient à bon marché, ils me plaisent autant que ces vases précieux que l'on craint de déranger, de peur de les briser. Tout le reste est dans le même goût. Tout est chez moi simple, propre, et bien conditionné. Tout cela annonce que la maîtresse de la maison aime mieux être heureuse que paraître riche...........

Il ne faut qu'un beau jour pour faire nager mon ame dans la joie. Si le soleil est au milieu de sa course, je contemple avec transport l'azur des cieux; s'il est au bord de l'horizon, j'admire l'or et la pourpre qu'il répand sur les nuages. Souvent, je préfère à l'opéra le silence d'une belle nuit et une promenade au clair de la lune, dans mon petit jardin. J'aime à voir briller les étoiles dans le champ azuré où elles sont semées, dans ce vaste champ, mon domaine le plus magnifique; et ma joie n'est troublée que

quand je pense à la stupidité des mortels.
Les insensés ! ils vivent, ils mourront, sans
avoir goûté ni connu les vrais plaisirs.

De tous les plaisirs naturels, le plus touchant, le plus délicieux, ma chère Euphrosine, c'est l'amitié, cette constante amitié
que nous éprouvons l'une pour l'autre. Sans
l'amitié, la vie n'est qu'un songe ; c'est elle
qui nous fait véritablement connaître le
bonheur.

Adieu, chère Euphrosine, je t'aime, et je
trouve toujours un nouveau plaisir à te le
répéter.

AMPLIFICATION SIXIÈME.

ARGUMENT.

Quel murmure ennuyeux fatigue les belles ? et de
combien de sottises ne sont-elles pas obsédées ? Dans
tous les lieux où brillent leurs charmes, l'impertinence bourdonne autour d'elles. Si les tendres absur-
dités ne touchaient pas, dira-t-on, un regard sévère,
un air méprisant, écarterait ces importuns : le plus
petit coup délivre d'une mouche. Mais, qui peut
éloigner ainsi une foule de petits-maîtres ? Chassez-
en un, un autre lui succèdera. Il faut nécessairement
qu'un sot fasse connaître son semblable, qu'un fat

en recommande un autre ; et on est à juste titre affligé de ce fléau, dès qu'on a prêté au premier une oreille complaisante.

(Extrait des Fables de Gay, traduction de madame de Keralio.)

LA DEMOISELLE ET LA GUÊPE.

FABLE.

Doris, occupée de sa toilette, tantôt rêveuse, tantôt gaie, méditait sur sa beauté. Tel était son amusement, pendant la chaleur du jour, lorsqu'une guêpe étourdie vient bourdonnant autour d'elle, avance, recule, menace tour à tour son cou et sa joue. L'éventail de Doris la protége en vain ; l'insecte revient promptement lui causer de nouvelles alarmes ; les rebuts accroissent sa témérité : enfin, posé sur sa belle bouche, il ose en respirer le parfum. « Préservez-moi, grand Dieu, de ces insectes opiniâtres, s'écrie Doris irritée : de tous les animaux que le ciel a fait naître, ce sont les plus impertinents.

— Pourquoi me mépriser, répondit la guêpe d'un ton plaintif ? pourquoi me dédaigner et m'insulter ? Belle Doris, cette offense mérite-t-elle votre courroux ? Vos charmes seuls l'ont causée. » Ces lèvres ont le coloris brillant des cerises, la douce odeur de la rose; et cette fleur virginale, répandue sur votre joue, m'a fait croire que je voyais la plus belle pêche qui exista jamais sur la terre.

Doris s'écrie : « Lisette, ne la frappe pas, ne tue pas les guêpes comme des mouches ordinaires. Celle-ci a montré, je l'avoue, trop de hardiesse; mais c'est un insecte galant et poli, je lui pardonne. »

Enivrée d'un si prompt succès, la guêpe se vante partout qu'elle boit chez Doris le thé le plus doux, et le prouve en montrant le sucre resté sur ses lèvres. Cette nouvelle émeut l'essaim bourdonnant : sûr du succès, il vole tout entier près de la belle; il va prendre part aux friandises du jour.

Les unes en fredonnant, volent autour d'elle; d'autres s'arrêtent un instant, puis, prenant leur vol, viennent badiner sur son sein : enfin, toutes furent souffertes, jusqu'à ce que Doris s'aperçut que les guêpes ont un aiguillon, et qu'elle en sentit la blessure.

(GAY.)

AMPLIFICATION SEPTIÈME.

FUNÉRAILLES DE CHARLES-QUINT.

Charles-Quint, en abdiquant l'empire, adressa ce discours à son fils Philippe II, en présence des grands de sa cour. « Mon fils, je vous remets ce pesant fardeau : cette couronne que vous voyez resplendissante d'or est entrelacée de cruelles épines : je puis vous le dire avec vérité; depuis le jour que j'ai monté sur le trône, jusqu'à celui où j'en descends, je n'ai eu aucun instant de repos, et je n'ai pu goûter de plaisir qui n'ait été empoisonné. »

Peu d'instants après cette abdication, il se retira dans un monastère, où il donna pendant quelques années de nombreux exemples de piété. L'histoire en a conservé un trait inouï jusqu'alors. Quoique vivant, il fit célébrer ses obsèques avec toute la magnificence et toute la pompe possible. On éleva un mausolée dans l'église; on alluma des flambeaux; sa maison, en habit de deuil, environnait le catafalque; et les moines, d'un

ton lugubre , célébraient l'office des morts.
Charles assiste à ses funérailles, et considéré,
dans cet hommage imaginaire qu'on rendait
à sa mémoire, les larmes de ses amis. Il entend
les chants lugubres des religieux qui prient
le ciel de le recevoir dans le séjour des bien-
heureux. Comme il était revêtu d'un long
habit de deuil, il se prosterna. A ce spectacle, on vit couler de nouveau les larmes des
assistants, et il fut pleuré la dernière fois
comme s'il eût été déposé dans le tombeau.
Par cette cérémonie, Charles semblait pré-
luder à sa mort, qui n'était pas éloignée. En
effet, le jour même qui suivit ses funérailles,
il fut saisi d'une fièvre qui consuma bientôt
ses forces, et il termina sa carrière dans les
plus grands sentiments de piété et de religion.

AMPLIFICATION HUITIÈME.

ARGUMENT.

Souvent nous plaçons mal notre estime, en jugeant des hommes sur leur apparence. La noblesse ,
les biens, le pouvoir, obtiennent parmi nous la pré-
éminence et les courbettes les plus humbles. Ces
avantages, je l'avoue, méritent de pareils honneurs;
mais la vertu seule a droit à l'estime.

Lorsque nous considérons superficiellement un homme riche, son éclat nous éblouit trop; parce que l'or donne le pouvoir de faire fréquemment le bien, partout où nous le voyons, nous nous imaginons que le bien est fait, comme si le pouvoir entraînait nécessairement le vouloir : mais, n'a-t-on pas vu le peuple adorer les fripons qui le dépouillaient.

Observez le cortège rampant des riches : vit-on jamais de si vils flatteurs? Avec quelle promptitude et quelle souplesse ils se courbent! A quels forfaits ils se prêtent. La bassesse de leur ame les a élevés, et la flatterie est leur moindre crime. Quels hommages, quels respects, quels actes d'adoration, des sycophantes de tous les âges n'ont-ils pas autrefois, dans tous les pays, accordés aux grands; quels qu'ils fussent!

Jetez les yeux sur les cours anciennes : vous y verrez que le pouvoir était l'idole des hommes; qu'il était adoré par eux sous toutes sortes de figures : le lion, le singe, le renard, y étaient servis tour à tour par des esclaves à gages, fripons dans l'adversité, prostitués dans l'opulence. Les favoris de la fortune ont soni nconstance, et leur pouvoir n'est nourri que du souffle de la flatterie. Semblable à ces bouteilles de savon que font voltiger les enfants, plus il s'enfle, plus sa fin approche; la bouteille crève, et, en finissant, ne produit que de viles larmes.

(Extrait des Fables de Gay, traduction de madame de Keralio.)

LE GROS SINGE ET LE POULAILLER.

FABLE.

Une vieille demoiselle qui n'avait plus rien de mieux à faire élevait des oiseaux et d'autres bêtes. Elle avait des chiens, des singes, des perroquets, qui faisaient ses délices et sa compagnie.

Un singe de la grande espèce, presque semblable à un homme, et par la taille et par la figure, gagna surtout sa bienveillance ; il prenait tout ce qu'il trouvait, et volait bien mieux qu'aucun domestique. Son esprit et ses talents firent juger à sa maîtresse qu'il était propre aux affaires publiques. Un tel mérite était bien digne d'une place de confiance : aussi le chargea-t-elle du soin de toute la basse-cour. Les devoirs de cet emploi se bornaient à la visiter deux fois par jour, et à lui distribuer le grain.

Au premier rayon de l'aurore, l'appétit éveille toute la volaille. Coqs, dindes, paons, canards, et poulets, courent et se pressent à la porte du nouveau ministre pour l'adorer. Il se montre, et tous se courbent; l'un, loue sa figure et son port; l'autre, ses talents, son air de grandeur : enfin, la flatterie ouvre tous

les becs, et le ministre l'écoute avec une as-
surance presque humaine. En flattant l'a-
mour-propre, on n'exprime que les sentiments. Si l'on avait eu autrefois une équité trop
exacte, quels profits aurait-on tirés d'une
place de confiance? L'usage ordinaire des
grands et des financiers de ce temps était
de s'assurer une retraite aisée et décente.
Notre singe commença donc, en parfait imi-
tateur, à s'occuper de ses intérêts.

Près de la basse-cour logeait une fruitière
dont la boutique était remplie de fruits pendant toute l'année : il s'y rendait tous les
jours, et prenait de quoi former d'amples
magasins. Il était convenu avec la marchande
que ses payements seraient faits en grains.

La provision de blé fut promptement dé-
pensée, et aucun compte ne fut rendu de
l'emploi qu'il en avait fait. La basse-cour,
affamée, examina, soupçonna : le fait, observé de près, fut prouvé avec évidence : le
singe fut obligé de restituer ce qu'il avait
pris ; et, quoique premier ministre, il fut flétri,
enchaîné, et, de son ancien état, il ne con-
serva que l'arrogance.

Un jour, une oie passant devant lui, il
reconnut cette figure qu'il avait vue assidue

à tous ses levers. « Quoi , s'écrie-t-il, ne pas me donner la moindre marque de respect ! ne pas me saluer seulement ! En vérité, ces créatures sont devenues bien impertinentes. Il n'y a pas encore deux jours , insolente que vous êtes , que vous vous courbiez devant moi plus bas qu'aucun de mes flatteurs.

— Sot orgueilleux ! lui répond l'oie, j'avoue que je t'ai flatté ; mais apprends que ton grain seul t'attirait un lever brillant. Pour cette seule raison , je suivais ta cour affamée, et je te payais ton grain en fades contre-vérités ; mais alors, singe orgueilleux, ainsi qu'à présent, nous te méprisions, et nous ne révérions en toi que ta charge. »

(GAY.)

AMPLIFICATION NEUVIÈME.

ARGUMENT.

La reconnaissance est le souvenir d'un bienfait reçu, joint au desir de témoigner l'obligation qu'on en a. Ce sentiment ne fut jamais l'ouvrage de l'art : le ciel le donna en partage à quelques ames privilé-giées ; don précieux, préférable à tous les autres présents dont peut nous combler la bonté céleste.

La reconnaissance est dans la nature : les bêtes les

plus farouches en ont donné des exemples sensibles.
C'est le témoignage d'une belle ame, et un sentiment
plus épuré que celui qui inspire les bienfaits, toujours mélangé d'amour-propre et d'intérêt. C'est enfin, de tous les devoirs, le plus facile à remplir : il
faut laisser aller son cœur. Publius Syrus a dit :
Répandre des bienfaits, c'est imiter la divinité (1).
Heureux celui qui donne avec générosité! Ajoutons
encore : Heureux celui qui reçoit avec gratitude!
L'un et l'autre ont des droits inaliénables sur l'estime
et l'amitié de quiconque sait penser et sentir. Si la
bienfaisance est une marque assurée d'étendue dans
l'ame, la reconnaissance est une preuve certaine de
son élévation; l'une et l'autre de ces vertus sont fon-
dées sur la grandeur et la noblesse des sentiments.
Comme les principes des bienfaits sont fort différents, la reconnaissance ne doit pas toujours être de
la même nature. Quels sentiments, dit très bien Duclos, dois-je à celui qui, par un mouvement d'une
pitié passagère, n'a pas cru devoir refuser une par-
celle de son superflu à un besoin très pressant ? Que
dois-je à celui qui, par ostentation, ou par faiblesse,
exerce sa prodigalité sans acception de personne,
sans distinction de mérite ou d'infortune; à celui qui,
par inquiétude, par un besoin machinal d'agir, d'intriguer, de s'entremettre, offre à tout le monde indifféremment ses démarches, ses sollicitations, et son
crédit ? Mais une reconnaissance légitime et bien

(1) Pag. 70 et 71, v. 346. Édition des Classiques grecs,
latins, italiens, anglais. 1825; chez Panckoucke, rue
des Poitevins, n° 14.

fondée emporte beaucoup de goût et d'amitié pour
les personnes qui nous obligent par choix, par grandeur d'ame, par pure générosité; on s'y livre tout
entier, car il n'y a guère au monde de plus bel excès que celui de la reconnaissance. On y trouve une
si grande satisfaction, qu'elle peut servir de récompense. La pratique de ce devoir n'est point pénible
comme celle des autres vertus; elle est au contraire
suivie de tant de plaisir, qu'une ame noble s'y
abandonnerait toujours avec joie, quand même elle
ne lui serait pas imposée. Si donc, les bienfaiteurs
sont sensibles à la reconnaissance, que leurs bienfaits
cherchent le mérite; car, il n'y a que le mérite qui
soit véritablement reconnaissant.

LA RECONNAISSANCE.

Louis xiv, qui avait déjà fait bombarder
Alger, chargea le marquis du Quesne de la
bombarder une seconde fois, pour la punir
de ses infidélités et de son insolence. Le
désespoir où étaient les corsaires de ne pouvoir éloigner de leurs côtes la flotte qui les
abîmait, les porta à attacher à la bouche de
leurs canons les esclaves français, dont les
membres furent portés jusque sur les vaisseaux. Un capitaine algérien, qui avait été
pris dans ses courses, et très bien traité par
les Français tout le temps qu'il avait été leur

prisonnier , reconnut un jour, parmi ceux qui allaient subir le sort affreux que la rage avait inventé, un officier nommé Choiseul, dont il avait éprouvé les attentions les plus marquées. A l'instant il prie, il sollicite, il presse avec instance pour obtenir la conservation de cet homme généreux. Tout est inutile. Alors, voyant qu'on va mettre le feu au canon où Choiseul est attaché, il se jette sur lui à corps perdu, l'embrasse étroitement, et, adressant la parole au canonnier, lui dit : « Tire ; puisque je ne puis sauver mon bienfaiteur, j'aurai au moins la consolation de mourir avec lui. »

Le Dey , sous les yeux duquel cette scène se passait, en fut si frappé, tout barbare qu'il était , qu'il accorda avec le plus grand empressement ce qu'il avait refusé d'abord avec tant de férocité.

(Extrait d'un choix d'anecdotes.)

AMPLIFICATION DIXIÈME.

LES LAPINS.

FABLE.

Des lapins habitaient une garenne dans laquelle croissaient en abondance le thym et le serpolet. Tous les jours, au lever de l'aurore, ils sortaient de leurs terriers, et allaient en bondissant chercher un déjeuner composé d'herbes parfumées. Dès que leur faim était apaisée, ils jouaient ensemble sur le gazon ; ils sautaient, ils gambadaient, ils couraient l'un après l'autre, et ne songeaient qu'à s'amuser, jusqu'à ce que la chaleur leur donnât envie de dormir, ou bien que l'exercice réveillât leur appetit. Cependant un vieux lapin, qui avait échappé aux chiens et aux chasseurs cent fois en sa vie, branlait la tête sans rien dire en voyant cette jeunesse folâtre. On s'en aperçut, et tous les lapins s'assemblèrent autour de lui pour savoir ce qu'il pensait de leurs jeux. Mes enfants, leur dit-il, vous êtes jeunes, et vous ne prévoyez pas tous les malheurs qui menacent votre vie :

un jour le chasseur viendra, et vous atteindra de loin avec un plomb meurtrier ; les furets vous suivront jusque dans le fond de vos retraites. A quoi vous serviront alors vos sauts et vos gambades ? Apprenez de bonne heure à distinguer les pas de l'homme, notre enne-mi ; à connaître le fusil, dont ses mains sont armées ; à vous garder des espèces de chiens qui nous haïssent : voilà les connaissances qui vous seront utiles, et que l'amour du jeu ne devrait pas vous faire négliger. Tous les jeu-nes lapins se moquèrent du vieux raisonneur ; ils le laissèrent là, et se remirent à jouer sans s'embarrasser de l'avenir. Mais un jour le chas-seur arriva avec le fusil et les chiens, et tous les lapins furent pris les uns après les autres.

Ainsi la jeunesse, qui ne songe qu'à badiner, s'expose à tomber un jour dans les piéges des méchants.

* * *

AMPLIFICATION ONZIÈME.

ATTILA FLÉCHI PAR LES PRIÈRES
DE SAINT LÉON.

Attila, un des plus grands généraux du cinquième siècle, fut surnommé *le Fléau de Dieu*. Le farouche guerrier, encouragé par le succès de ses armes, résolut de faire le siége de Rome. Déjà même il s'était mis en marche pour exécuter ce dessein. Mais saint Léon, alors souverain pontife, vint à bout par ses prières, autant que par la force de son éloquence, de le détourner de ce projet. Jusqu'ici, lui dit le saint père, vous vous êtes signalé par vos exploits; le succès de vos armes vous a fait assez goûter le plaisir barbare de faire des malheureux; il est temps pour vous de chercher une gloire plus noble et plus satisfaisante. Faites éclater sur les hommes votre bienfaisance, autant que vous avez exercé sur eux votre inhumanité. Imitez l'exemple de la divinité, qui n'annonce sa puissance que par des bienfaits; craignez que Dieu, après s'être servi de vous comme un ministre de ses vengeances, ne vous fasse subir les peines que mériteraient votre orgeuil et votre cruauté.

Ce discours fit sur l'esprit d'Attila une si vive impression, qu'il renonça à son entreprise.

AMPLIFICATION DOUZIEME.

ARGUMENT.

On ne saurait s'empêcher d'estimer et d'honorer le courage, cette qualité et cette vertu mâle qui naît du sentiment de ses propres forces, parce qu'il produit, au péril de sa vie, les plus belles actions des hommes.

Le véritable courage est rare, comme les grandes vertus. Courir à la mort pour le bien public, sans espoir de récompense, de gloire, et de renommée; connaître parfaitement le péril, l'avoir prévu, et s'y jeter par la seule vue de rendre service à son pays; c'est là mériter véritablement l'estime de ses contemporains.

COMBAT DU CHEVALIER GOZON

CONTRE UN ÉNORME CROCODILE.

NARRATION.

Un crocodile d'une énorme grandeur causait beaucoup de désordre dans l'île de

Rhodes, et avait même dévoré quelques habitants. La retraite de ce furieux animal était dans une caverne située au bord d'un marais, au pied du mont Saint-Etienne, à deux milles de la ville. Il en sortait souvent pour chercher sa proie ; il mangeait des moutons, des vaches, et quelquefois des chevaux, quand ils approchaient de l'eau et des bords du marais. On se plaignait même qu'il avait dévoré de jeunes pâtres qui gardaient leurs troupeaux. Plusieurs des plus braves chevaliers, en différent temps, et à l'insu les uns des autres, sortirent séparément de la ville pour tâcher de le tuer ; mais on n'en vit revenir aucun. Comme l'usage des armes à feu n'était point encore connu, et que la peau de cette espèce de monstre était couverte d'écailles à l'épreuve des flèches et des dards les plus acérés, les armes n'étaient pas égales, et le serpent les avait bientôt terrassés. C'est pourquoi Hélion de Villeneuve, alors grand-maître de l'ordre, défendit aux chevaliers de tenter davantage une entreprise qui paraissait au-dessus des forces humaines. Tous obéirent, à l'exception du chevalier Dieu-Donné de Gozon, qui forma le dessein de combattre cette bête carnassière, résolu d'y périr ou d'en délivrer l'île de Rhodes. Pour

commencer à mettre son projet à exécution,
il passa en France, et se retira dans le château
de Gozon, qui subsiste encore aujourd'hui
dans la province de Languedoc. Ayant reconnu que le serpent qu'il voulait attaquer
n'avait pas d'écailles sous le ventre, il forma,
sur cette observation, le plan de son entreprise. Il fit faire en bois ou en carton une
figure de cette bête énorme, et il tâcha surtout
qu'on en imitât la couleur. Il dressa ensuite
deux jeunes dogues à accourir à ses cris, et
à se jeter sous le ventre du crocodile, pendant
que, monté à cheval, couvert de ses armes, et
la lance à la main, il feignait, de son côté,
de lui porter des coups en différents endroits.
Ce chevalier employa plusieurs mois à faire
tous les jours cet exercice, et il ne vit pas plutôt ses dogues dressés à ce genre de combat,
qu'il retourna à Rhodes. A peine fut-il arrivé
dans l'île, que, sans communiquer son dessein
à qui que ce fût, il fit porter secrètement ses
armes proche d'une église, située au haut de
la montagne de Saint-Etienne, où il se rendit, accompagné seulement de deux domestiques qu'il avait amenés de France. Il entra
dans l'église, et après s'être recommandé à
Dieu, il prit ses armes, monta à cheval, et

ordonna à ses deux domestiques, s'il périssait
dans le combat, de s'en retourner en France;
mais de se rendre auprès de lui, s'ils s'aper-
cevaient qu'il eût tué le serpent, ou qu'il en
eût été blessé. Il descendit ensuite de la montagne avec ses deux chiens, marcha droit au
marais et au repaire du serpent, qui, au bruit
qu'il faisait, accourut, la gueule ouverte, les
yeux étincelants, pour le dévorer. Gozon lui
porta un coup de lance, que l'épaisseur et la
dureté de ses écailles rendit inutile. Il se préparait à redoubler ses coups ; mais son cheval,
épouvanté des sifflements, refuse d'avancer,
recule, et se jette à côté. Il aurait été la cause
de la perte de son maître, si celui-ci ne se
fût jeté à bas. Gozon mettant aussitôt l'épée à
la main, accompagné de ses deux fidèles dogues, joint cette horrible bête, et lui porte
plusieurs coups en différents endroits, que la
dureté des écailles l'empêche d'entamer. Le
furieux animal le jette à terre d'un coup de
queue ; et il aurait été infailliblement dévoré,
si les deux chiens, dressés à cet exercice, ne
se fussent attachés au ventre du serpent, qu'ils
déchiraient par de cruelles morsures, sans
que, malgré tous ses efforts, il pût leur faire
lâcher prise. Le chevalier, à la faveur de ce

secours, se relève, et se joignant à ses dogues, enfonce son épée jusqu'à la garde, dans un endroit qui n'était pas défendu par les écailles; il y fait une large plaie dont il sort des flots de sang. Le monstre, blessé à mort, tomba sur le chevalier, qu'il abattit une seconde fois, et il l'aurait étouffé par le poids et la masse énorme de son corps, si les deux domestiques, spectateurs de ce combat, ne fussent accourus au secours de leur maître; ils le trouvèrent évanoui, et le crurent mort; mais, après l'avoir retiré de dessous le serpent avec beaucoup de peine pour lui donner lieu de respirer, s'il était encore en vie, lui avoir ôté son casque, et jeté de l'eau sur le visage, il ouvrit enfin les yeux. Le premier spectacle et le plus agréable qui pût se présenter à sa vue, fut celui de son ennemi mort. On n'eut pas plutôt appris, dans la ville, sa victoire et la mort du serpent, qu'une foule d'habitants sortirent au-devant de lui.

Les chevaliers le conduisirent en triomphe au palais du grand-maître; mais, au milieu des acclamations, le vainqueur fut bien surpris quand le grand maître, jetant sur lui des regards pleins d'indignation, lui demanda s'il ignorait les défenses qu'il avait faites d'attaquer cette dangereuse bête, et s'il croyait les pouvoir violer impunément. Aussitôt ce sévère observateur de la discipline, sans vouloir l'entendre, ni se laisser fléchir par les prières des chevaliers, l'envoya sur-le-champ en prison. Il convoqua ensuite le conseil, où il représenta que l'ordre ne pouvait se dispenser de punir rigoureusement une désobéissance si formelle; et, comme un autre Manlius, il opina hautement à rendre cette victoire funeste au vainqueur. Le conseil obtint qu'il se contentât de le priver de l'habit de l'ordre. Le malheureux chevalier s'en vit honteusement dépouillé; mais le grand-maître, après avoir satisfait à son devoir par ce châtiment, revint à son caractère naturellement doux et plein de bonté, et rendit l'habit à ce brave chevalier, aux instantes prières des principaux commandeurs de l'ordre.

✱ ✱ ✱

AMPLIFICATION TREIZIÈME.

ARGUMENT.

Est-il un poëte dont le génie brûle, et que le dieux mêmes inspirent : l'envie pâlit en lisant se beaux ouvrages ; elle invective, extravague et sèche de douleur :

Les serpents gonflés de venin, appellent à longs sifflements la troupe infernale à leur aide, et tous les gagistes de Curl (1). Ainsi, la gloire produit la haine et la calomnie ; ainsi le jour rend la nuit sensible.

(Extrait des Fables de Gay.)

LE PERSAN, LE SOLEIL, ET LA NUE.

FABLE.

Prosterné devant le Dieu du jour, un Persan commençait ainsi sa prière accoutumée :

« Père de la lumière, soleil qui vois tout, et dont les doux rayons font éclore les présents de la Providence, daigne agréer nos chants et nos louanges ; daigne écouter nos prières ; souris à nos champs en les fécondant. »

Une nuée, qui se riait de ces marques de reconnaissance, obscurcit tout à coup le jour, et son orgueil jaloux lui arracha cette plainte.

« Peux-tu, mortel aveugle, adorer un dieu si faible. Vois comme je lui ôte son éclat. Rends hommage à qui le mérite »

Le Persan, transporté de zèle, repousse à l'instant cette ridicule calomnie. « C'est lc

---

(1) Libraire de Londres.

dieu que j'implore et que je révère, qui t'a élevée dans les airs. Lorsque tu es entre lui et moi, je n'en vois que mieux ta mince substance. Un coup de vent suffit pour dissiper cent nuées réunies ensemble. »

Aussitôt un vent frais s'élève; la nuée emportée se dissipe, et l'orbe glorieux du jour reparaît dans tout son éclat.

Ainsi l'on voit s'évanouir les noires vapeurs de l'envie, et les talents et le vrai mérite briller dans toute leur gloire.

(Gay.)

AMPLIFICATION QUATORZIÈME.

LES PANTOUFLES D'ABU-CASEM.

CONTE ARABE.

A Bagdad vivait naguère un marchand d'une avarice sordide, nommé Abu-Casem. Nonobstant ses grandes richesses, il n'était jamais couvert que de haillons; et son turban de grosse toile était si sale, qu'il eût été difficile d'en reconnaître la couleur primitive. Mais rien de si curieux que ses pantoufles.....! les talons étaient garnis de gros

clous, et le dessus tellement rapiéceté, qu'elles n'étaient, ni longues, ni rondes, ni car-
rées. Depuis dix ans, les plus habiles cor-
donniers de Bagdad s'étudiaient à en arrêter
la ruine totale ; mais tout leur art ne put
empêcher qu'elles ne devinssent si pesantes,
que les pantoufles d'Abu-Casem étaient passées en proverbe pour exprimer quelque
chose de lourd et de mauvais goût.

Un jour qu'Abu - Casem passait par le
grand Bazar de la ville, on lui proposa quelques cristaux d'un travail exquis. Le marché
était avantageux ; il ne manqua pas d'en profiter. A quelque temps de là, il apprit qu'un
marchand parfumeur ruiné avait encore une
provision d'essence de roses à vendre ; c'était
la dernière ressource de ce pauvre homme.
Casem profita du malheur de son confrère,
et ne lui paya que la moitié du prix de la mar-
chandise. Cet achat le mit de bonne humeur :
mais au lieu de suivre l'exemple des mar-
chands du pays qui donnent un festin en
ces sortes d'occasions, Casem trouva qu'il lui
en coûterait moins, et qu'il serait infiniment
plus agréable d'aller aux bains qu'il n'avait
pas fréquenté depuis long-temps. Comme il
se déshabillait, un de ses amis, ou du moins

une personne qui en prenait le nom, car les avares n'ont point d'amis, lui représenta que ses vieilles pantoufles le rendaient la risée de la ville entière, et qu'il était enfin temps d'en acheter d'autres. « Vous avez raison, répondit Casem, il y a même quelques années que j'y songe, quoiqu'à dire vrai, je trouve celles-ci encore fort portables. » Il finit de se déshabiller, et se jette dans le bain.

Le cadi de Bagdad était arrivé un instant après; mais Casem qui a plutôt fini que lui, passe dans la chambre attenante à celle du bain, s'habille, mais ne retrouve plus ses pantoufles............ Il en aperçoit bien une paire, mais elle est toute neuve; ce n'est pas la sienne...... Eh! ne serait-ce point un présent de cet ami qui venait de me tenir ce beau sermon sur ces vieilles pantoufles? Cette idée frappe et enchante notre avare......... Se voir ainsi délivré du tourment inexprimable d'en acheter d'autres....... Avoir des pantoufles, et garder son argent.... Casem se jette dessus, les passe à ses pieds, et sort du bain.

Cependant, le cadi avait pris son bain, mais ses esclaves cherchaient en vain ses pantoufles; ils ne trouvèrent en leur place que

deux machines informes et hideuses............
Eh! ce sont les pantoufles d'Abu - Casem,
s'écrie l'un d'eux, il aura pris celles de notre
maître!..... On court après lui, on l'atteint :
le vol est manifeste, il le porte aux pieds;
on lui arrache les pantoufles, on l'entraîne,
on le jette en prison. Voilà Casem entre les
mains de la justice; Casem était riche, on ne
le relâcha qu'au moyen d'une grosse amende.

Maudissant son sort, et les pantoufles du
cadi, Casem retourne chez lui, et son premier mouvement fut de jeter dans le Tygre,
qui passait sous ses fenêtres, la cause innocente de sa funeste aventure. Le lendemain,
des pêcheurs qui avaient jeté leurs filets à
quelques pas de là, sentirent une résistance
peu ordinaire, en les retirant. Ces bonnes
gens se réjouissaient d'avance de la bonne
prise qu'ils allaient faire : hélas! c'étaient les
pantoufles d'Abu-Casem. Les talons hérissés
de clous avaient déchiré les filets, et le poisson s'était échappé. Les pêcheurs furieux les
font voler dans les fenêtres de l'avare, elles
vont donner dans les cristaux qu'il avait
achetés quelques jours auparavant, et où il
avait renfermé l'essence de roses du pauvre
marchand. Les cristaux sont fracassés, et les

tristes débris nagent dans l'essence de roses.

Je n'entreprends point de peindre ici le désespoir de Casem. — Maudites pantoufles, s'écrie-t-il, après un long silence, je vais bien vous empêcher de me nuire désormais! — Il dit, et court les enterrer dans un coin de son jardin.

Un voisin méchant le surprend dans cette occupation, et va le dénoncer au gouverneur, en disant : *Casem a trouvé un trésor dans son jardin;* c'en fut assez pour allumer la cupidité du juge. Casem est obligé de comparaître. Il a beau jurer qu'il n'a point trouvé de trésor, mais que c'étaient ses pantoufles qu'il enterrait; on ne l'écoute point; le gouverneur avait compté sur de l'argent; il en fallut trouver, ou retourner en prison........ Casem aima mieux payer. Ne sachant que faire de ses malheureuses pantoufles, Casem se désespérait. Il se serait volontiers donné la mort, s'il avait pu emporter ses coffres-forts avec lui dans l'autre monde, et laisser ses pantoufles en celui-ci....... Les jetait-il dans le Tygre, on les repêchait pour lui casser ses cristaux. Les enterrait-il dans son jardin, il avait trouvé un trésor........ Il imagina enfin de les cacher dans un réservoir très profond qui fournissait de l'eau à toute la ville. Croyant en être à jamais délivré, il retourna tranquillement chez lui; mais un mauvais génie qui prenait plaisir sans doute à s'égayer aux dépens de Casem et de ses pantoufles, les poussa dans un des canaux du réservoir. L'eau est arrêtée dans son cours; on en croit la source tarie; l'alarme devient générale, on meurt de soif, on visite le réservoir, on nettoye les canaux..... on en tire les pantoufles d'Abu-Casem. Comme il était généralement détesté, on persuade au gouverneur qu'elles seules ont causé tout le dommage, et que le propriétaire doit être sévèrement puni. Le malheureux Casem est pour la troisième fois conduit en prison : on le condamne de nouveau à une forte amende; mais ses pantoufles lui sont fidèlement rendues.

Pour mettre fin à tant de tristes aventures, Casem résolut enfin de les brûler; mais comme elles étaient encore mouillées, il les posa sur sa terrasse pour les faire sécher au soleil.

La philosophie de l'avare devait encore être mise à une terrible épreuve. Un chien du voisinage aperçoit les pantoufles, il s'élance

sur la terrasse pour s'en amuser, et en laisse
maladroitement tomber une dans la rue. La
malheureuse pantoufle blesse dans sa chute
une femme enceinte; la douleur et l'effroi la
font accoucher avant terme; le mari porte ses
plaintes au cadi, et Casem est condamné à
payer la maladresse du chien.

Casem furieux prend dans chaque main
une de ses pantoufles, s'approche du tribunal du juge, et l'apostrophant avec une vé-
hémence qui fit rire tous les assistants,
Voici, dit-il, la cause funeste de tous mes
malheurs....... Ce sont ces maudites pantoufles qui m'ont enfin réduit à la mendicité......
Promets-moi donc que je ne serai plus responsable à l'avenir de tout le mal qu'elles feront
très certainement encore !........ Le cadi ne
put lui refuser sa demande; et Abu-Casem
apprit à ses dépens, combien il était dangereux de ne pas changer assez souvent de
pantoufles.

(LE BARON DE BILDERBECK.)

AMPLIFICATION QUINZIÈME.

LE LEVER DU SOLEIL.

On le voit s'annoncer de loin par des traits de feu qu'il lance devant lui. L'incendie augmente, l'orient paraît tout en flammes ; à leur éclat, on attend l'astre long-temps avant qu'il se montre ; à chaque instant on croit le voir paraître, on le voit enfin. Un point brillant part comme un éclair, et remplit aussitôt tout l'espace : le voile des ténèbres s'efface et tombe. L'homme reconnaît son séjour, et le trouve embelli. La verdure a pris durant la nuit une vigueur nouvelle ; le jour naissant qui l'éclaire ; les premiers rayons qui la dorent, la montrent couverte d'un brillant réseau de rosée qui réfléchit à l'œil la lumière et les couleurs. Les oiseaux en chœur se réunissent, et saluent de concert le père de la vie ; en ce moment pas un ne se tait : leur gazouillement, faible encore, est plus lent et plus doux que dans le reste de la journée ; il se sent de la langueur d'un paisible réveil. Le concours de tous ces objets porte aux sens une impression de fraîcheur qui semble pénétrer jusqu'à l'ame. Il y a là une demi-heure d'enchantement auquel nul homme ne résiste : un spectacle si grand, si beau, si délicieux, n'en laisse aucun de sang-froid.

(J. J. ROUSSEAU.)

RÉFLEXION MORALE.

Nous voyons poindre le jour comme une faible espérance ; il s'échappe sans qu'on y songe ; et sa lumière se perd comme nos forces, comme la santé, les plaisirs, la vie même, sans que nous nous en apercevions.

(BAILLY, Astronomie Moderne.)

AMPLIFICATION SEIZIÈME.

L'AVARE ET PLUTUS.

FABLE.

Un vent violent ébranla les fenêtres d'un avare. Il s'éveille en tressaillant, sort de son lit, regarde, va, revient, parcourt sa chambre, visite chaque serrure, et fait partout en tremblant la recherche la plus exacte ; enfin, il ouvre le coffre qui renferme son cher trésor ; et dans un doux ravissement, il s'arrête, contemple son or. Tout à coup, saisi d'un trouble nouveau, il s'agite, frappe sa poitrine, ses yeux sont égarés, et ses remords lui arrachent l'aveu de son crime.

« Si l'on avait, dit-il, laissé ces trésors cachés dans le sein de la terre, j'aurais connu la paix de l'ame : mais partout la vertu se vend. Grand Dieu ! Quel prix peut compenser les maux que le vice cause ? Poison funeste, appât dangereux ! Se peut-il, homme trop faible, que tout ce qui peut te couvrir de gloire, ait tant de fragilité ! L'or bannit l'honneur de l'ame, et lui en laisse à peine l'ombre : c'est l'or qui fait les maux de la terre : la soif de l'or a fait inventer l'épée ; elle a instruit les cœurs lâches dans l'art de la trahison. Hélas ! qui peut compter les maux dont l'or est la cause ? Non, il n'a laissé aucune vertu sur la terre. » Il prononçait ces paroles en sanglotant. Plutus paraît ; l'avare tremble, ferme son coffre ; et le Dieu irrité, lui parla en ces mots :

« D'où te vient, malheureux, cette fureur lâche et ingrate ? Que je reconnais bien dans ton discours le langage de ces hommes vils dont l'opulence et la splendeur ont éclairé l'in-

famie ! Est-ce donc moi, misérable, qui
pervertis le cœur humain ? Ton cœur, que
l'avarice ronge, n'est-il pas seul criminel?
Quoi ! parce que l'homme vicieux abuse de
mes dons, il osera blasphémer contre moi !
Les fripons ne prennent-ils pas le manteau
même de la vertu, pour tromper dans la société ? Et la grandeur, l'autorité, ne sont-elles
pas dans leurs mains des instruments de tyrannie ? Quand des scélérats remplissent leurs
coffres, leur ame, dévorée par la soif, se
remplit d'orgueil, d'imprudence, et devient
un assemblage des vices les plus monstrueux.
Au contraire, l'or remis entre des mains
innocentes fructifie comme la rosée du
ciel : comme le ciel même ; il apaise les cris
de l'orphelin ; il sèche les pleurs de la
veuve. Et ils oseront accuser l'or de leurs
crimes, ces malheureux, dont le cœur est
vendu à l'intérêt ! Les assassins peuvent donc
reprocher à leur épée tout le sang qu'elle a
versé. »

(Gay.)

AMPLIFICATION DIX-SEPTIÈME.

LE MATIN.

La nuit n'exerce plus qu'un empire court et douteux ; à peine elle avance sur les traces du jour qui s'éloigne, qu'elle prévoit et observe en tremblant l'approche de celui qui va lui succéder. Déjà paraît le matin : une lumière douce et faible l'annonce dans l'orient tacheté ; mais bientôt la lumière s'étend, se répand, brise, éclaircit les ombres, et chasse la nuit qui fuit d'un pas précipité. Le jour naissant perce rapidement et présente à la vue de vastes paysages. Le rocher humide, le sommet des montagnes couvert de brouillards, s'enflent à l'œil, et brillent à l'aube du jour.

Le lièvre craintif sort en sautillant du champ de blé, tandis qu'au long des clairières des forêts le cerf sauvage bondit et se retourne souvent pour regarder le passant matineux. L'harmonie annonce le réveil de la joie universelle, les bois retentissent des chants réunis. Le berger dispos, réveillé par le chant du coq, quitte la cabane de chaume où il habite avec paix. Il ouvre sa bergerie et fait sortir par ordre ses nombreux troupeaux, qu'il mène paître l'herbe fraîche du matin.

Le fermier distribue à ses enfants et à ses ouvriers les travaux de la journée, tandis que sa ménagère court porter dans un coin de son tablier au chantre du matin et à ses fidèles compagnes les dons de Cérès.

Déjà, dans les villes, l'industrieux artisan a commencé ses travaux accoutumés ; le marchand a ouvert sa boutique, où sont rassemblées les productions de tous les arts, et tout ce que l'Europe peut offrir de rare et de précieux.

Tout est en mouvement, tout reprend une nouvelle vie et une nouvelle activité.

(Imitation de Thompson.)

AMPLIFICATION DIX-HUITIÈME.

REGRETS SUR MA VIEILLE ROBE DE CHAMBRE, OU AVIS A CEUX QUI ONT PLUS DE GOUT QUE DE FORTUNE.

Pourquoi ne l'avoir pas gardée ? Elle était faite à moi, j'étais fait à elle. Elle moulait tous les plis de mon corps sans le gêner; l'autre, roide et empesée, me mannequine. Il n'y avait aucun besoin auquel sa complaisance ne se prêtât; car l'indigence est presque toujours officieuse. Un livre était-il couvert de poussière, un de ses pans s'offrait à l'essuyer; l'encre épaissie refusait-elle de couler de ma plume, elle présentait le flanc: on y voyait tracés en longues raies noires les fréquents services qu'elle m'avait rendus. Les longues raies annonçaient le littérateur, l'écrivain, l'homme qui travaille : à présent, j'ai l'air d'un riche fainéant, on ne sait qui je suis. Sous son abri, je ne redoutais ni la maladresse d'un valet ni la mienne, ni les éclats du feu ni la chute de l'eau; j'étais le maître absolu de ma vieille robe de chambre, je suis devenu l'esclave de la nouvelle. Le dragon qui surveillait la toison d'or ne fut pas plus inquiet que moi; le souci m'enveloppe.

A chaque instant je dis : Maudit soit celui qui inventa l'art de donner du prix à l'étoffe commune en la peignant en écarlate ! maudit soit le précieux vêtement que je révère ! Où est mon ancien, mon humble, mon commode vêtement de calmande ?

Mes amis, gardez vos vieux amis. Mes amis, craignez l'atteinte de la richesse. Que mon exemple vous instruise. La pauvreté a ses franchises; l'opulence a sa gêne. Ce n'est pas tout, mon ami; écoutez les ravages du luxe, les suites funestes d'un luxe effréné Ma vieille robe de chambre était une, avec les autres guenilles qui m'environnaient. Une chaise de paille, une table de bois, une tapisserie de papier uni, une planche de sapin qui soutenait quelques livres, quelques estampes enfumées, sans bordure, clouées par les angles sur la muraille; entre ces estampes, trois ou quatre plâtres suspendus formaient avec une vieille robe de chambre l'indidence la plus harmonieuse. Tout est aujourd'hui désaccordé. Plus d'ensemble, plus d'unité, plus de beauté. J'ai vu l'antique tapisserie céder à un papier velouté. Deux estampes qui n'étaient pas sans mérite, *la chute de la manne dans le désert*, du Poussin, et *l'Esther devant Assuérus*, du même, l'une honteusement chassée par un vieillard de Rubens (c'est la triste Esther); *la chute de la manne* dissipée par une *tempête* de Vernet.

La chaise de paille reléguée dans l'antichambre par le fauteuil de maroquin. Homère,

Virgile, Horace et Cicéron, soulager le faible
sapin courbé sous leur masse, et se renfermer
dans une armoire marquetée, asile plus digne
d'eux que de moi. Une grande glace s'emparer
du manteau de la cheminée. Ces deux jolis plâtres que je tenais de l'amitié, déménagés
par une Vénus de marbre; l'argile moderne,
brisée par le bronze antique. La table de bois
disputait encore le terrain, à l'abri d'une foule
de brochures et de papiers entassés pêle-
mêle, et qui semblaient devoir la dérober long-
temps à la catastrophe qui la menaçait; un
jour elle subit son sort, et, en dépit de ma
paresse, les brochures et les papiers allè-
rent se ranger dans les serres d'un bureau
précieux.

Instinct funeste des convenances! tact délicat et ruineux! goût sublime, qui change,
qui déplace, qui édifie, qui renverse, qui
vide les coffres des pères, qui laisse les filles
sans dot, les fils sans éducation, qui fais tant
de belles choses et de si grands maux; toi qui
substituas chez moi le fatal et précieux bureau à la table de bois, c'est toi qui perds les
nations; c'est toi qui peut-être un jour con-
duiras mes effets sur la place du Châtelet, où
l'on entendra la voix enrouée d'un juré-crieur:

A vingt louis la Vénus ! Il manquait une pendule sur cette cheminée , elle y fut bientôt
placée. Une pendule où l'or contraste avec
le bronze, et, dont le sujet gracieux représente
les muses se groupant près d'Apollon qui
tient une lyre à la main. Il y avait un angle
vacant à côté de la fenêtre : cet angle demandait un secrétaire , il l'obtint. Un autre
vide déplaisant entre la tablette du secrétaire et la belle tête de Rubens ; il est rempli
par des desseins d'Isabey, d'Horace Vernet.

De ma médiocrité première , il n'est resté
qu'un tapis de lisières. Ce tapis mesquin ne
cadre guère avec mon luxe , je le sens ; mais
j'ai juré et je jure que mes pieds ne fouleront
jamais un chef-d'œuvre de la Savonnerie.
Lorsque le matin, couvert de la superbe
robe de chambre à fleurs, j'entre dans mon
cabinet, si je baisse la vue, j'aperçois mon
ancien tapis de lisière. Il me rappelle mon
premier état, et l'orgueil s'arrête à l'entrée de
mon cœur. Non, mon ami, non, je ne suis
point corrompu ; mon ame ne s'est point en-
durcie : mon luxe est de fraîche date, et le
poison n'a point encore agi. Mais avec le
temps, qui sait ce qui peut arriver....... Ah!
mon ami, levez vos mains vers le ciel ;

priez pour un ami en péril. Demandez à
Dieu que la fortune, qui fait tourner la tête à
tant de gens, m'inspire des sentiments humains
et généreux.

(D***)

AMPLIFICATION DIX-NEUVIÈME.

LE MIDI.

Voici l'instant où le soleil puissant, embra-
sant les cieux, fond et dissout dans un air
limpide, les nuages élevés et les brouillards du
matin qui entourent les collines de bandes di-
versement colorées : bientôt totalement dé-
voilé, il éclaire la nature entière, et la terre
paraît si vaste qu'elle semble s'unir à la voûte
du firmament.

Le midi s'avance furieux : le soleil darde
directement sur la tête ses rayons brûlants.
Un nuage de flammes couvre le ciel et la
terre, aussi loin que l'œil peut s'étendre, et
d'un pôle à l'autre tout est en feu. En vain,
la vue affaissée semble chercher du secours
sur la terre ; les vapeurs brûlantes qu'elle exhale repoussent l'espoir, et troublent la ré-

flexion. Brûlés jusqu'à la racine de la végétation, les champs entr'ouverts et la plaine desséchée montrent une couleur aride qui flétrit l'imagination et l'ame même. L'écho ne répète plus le son de la faux aiguisée ; le faucheur abattu la couvre de foin humide parfumé de fleurs : à peine entend-on la sauterelle dans la prairie inanimée. La nature accablée gémit : on voit de loin le ruisseau même languir, et à travers la clairière, il paraît impatient de couler sous l'ombre du bocage.

Salut, ombre bienfaisante ; vous, berceaux épais, vous pins élevés, antiques chênes, frênes sauvages, salut ! Votre ombre est délicieuse à l'ame, comme la source jaillissante l'est au cerf poursuivi qui lave ses flancs palpitants dans l'onde vive et qui nage le long du bord fleuri. Votre effet salutaire se glisse dans les veines et les rafraîchit ; le cœur bat gaiement, et la vie pénètre rapidement dans tous les membres allégés de leurs poids.

(Imitation de Thompson.)

AMPLIFICATION VINGTIÈME.

ARGUMENT.

Le nom de Turenne est devenu populaire, comme celui des Bayard, des Henry IV, des Sully. Qui ne connaît pas et les vertus et les grandes actions de ce héros! Mascaron a tracé en peu de lignes le portrait de Turenne.

« Il ne se cachait point, il ne se montrait point : il parlait lorsqu'il le fallait, et de ses victoires, et de ses avantages, aussi peu attentif à relever la gloire des unes, qu'à déguiser le malheur des autres. Il ne songeait pas même à ces grandes ressources de gloire, qui lui permettaient de faire des pertes sans s'appauvrir; et la même vérité qui lui faisait raconter le détail des victoires qu'il avait remportées, lui faisait dire le particulier de quelques occasions où il n'avait pas été heureux; aussi éloigné, dans ses récits, du faste de la modestie que de celui de l'orgueil. »

ÉLOGE DE TURENNE.

Parmi tous les héros qui se sont le plus signalés et qui ont fait plus d'honneur à la France, nul n'a été plus digne de ce nom glorieux que le grand Turenne. Lui seul valait à l'état des armées entières. Sous lui, les

troupes les plus faibles devenaient invincibles. Au bruit de sa marche, et lorsqu'il se
mettait en campagne, la terreur de son nom
jetait l'alarme dans le cœur des ennemis , et
faisait perdre courage aux plus intrépides.
Les capitaines les plus expérimentés crai-
gnaient de se voir dans la nécessité de se
mesurer avec lui. Avec une poignée de soldats , il remporta souvent la victoire sur les
armées les plus nombreuses. Mais , ce qui
l'élève au-dessus de presque tous les autres,
c'est qu'il sut allier à un courage à toute
épreuve, et à une prudence consommée, la
modestie la plus rare. Personne ne méritait
plus d'éloges que lui, et personne toutefois,
bien loin de les rechercher, ne les souffrait
avec plus de peine.

AMPLIFICATION VINGT ET UNIÈME.

LE SOIR.

Le soleil touche au terme de sa course, il
s'abaisse et semble s'élargir par degrés au déclin du jour : les nuages en mouvement se
rassemblent et lui forment une suite pom-

peuse, et entourent avec magnificence le trône du couchant. C'est en cet instant, si l'on en croit les chantres fabuleux de la Grèce, que, donnant relâche à ses coursiers fatigués, Phébus cherche les bosquets d'Amphitrite et les nymphes de sa suite; il baigne ses rayons, tantôt à moitié plongé, tantôt montrant un demi-cercle doré; il donne un dernier regard lumineux, et disparaît enfin totalement.

Les nuages s'obscurcissent lentement, la tranquille soirée prend son poste au milieu des airs. Un vent plus frais agite les bois et les ruisseaux; son souffle vacillant fait ondoyer les champs de blé, pendant que la caille rappelle sa compagne. Le vent frais augmente sur la plaine desséchée. Le berger revient gaiement à sa cabane, et ramène des champs son paisible troupeau. Le laboureur, harassé des travaux de la journée, les oublie en serrant ses enfants sur son cœur. Déjà le firmament étincelle de vifs saphirs; Hespérus, conducteur des bandes étoilées, brille à leur tête: l'éclatante Vénus paraît et annonce l'heure du repos; le silence est à sa suite.

(Imitation de Thompson.)

9.

AMPLIFICATION VINGT-DEUXIÈME.

ARGUMENT.

La nature veut que tous les hommes réunis en société travaillent pour le bien public : aucun n'est fait pour l'oisiveté. Elle a destiné les uns à conduire la charrue, d'autres à faire résonner l'enclume. Ceux-ci manient la navette avec adresse; ceux-là, faisant leur étude des vents et des côtes, guident nos flottes d'un pôle à l'autre; d'autres, instruits par l'industrie, exercent les arts; quelques génies prennent un vol plus fier et se rendent utiles par des écrits ou des discours. Ainsi, chacun, tendant au bien commun, doit se montrer dans la société ami et membre nécessaire; chacun, né pour le bien et le plaisir de l'autre, doit lui rendre ce qu'il en reçoit.

Le monarque doit au laboureur les mets qui couvrent sa table, à l'artisan ses habits les plus magnifiques. Ce sont les soins de l'architecte qui le mettent à l'abri des intempéries de l'air; c'est l'industrieux fourbisseur qui apprête cette arme brillante qui le pare et qui le défend. C'est ainsi que tous avouent, en les payant de leurs services, les obligations qu'ils ont au monarque. C'est lui qui défend leurs biens, qui soutient leurs lois; son bonheur dépend de celui du peuple, et celui du peuple dépend du sien. Tel est le but des travaux des bons citoyens; tels sont les doux fruits qu'ils en retirent, et dont ils jouissent en paix : l'industrie seule soutient tous les rangs.

(Extrait des Fables de Gay , p. 213.)

L'HOMME, LE CHAT, LE CHIEN,
ET LA MOUCHE.

FABLE.

Pressés par la nécessité, les animaux vinrent un jour offrir leurs services à l'homme. Tant que chacun d'eux n'avait recherché que son bien particulier, ils n'avaient vécu qu'avec peine. Mille soins, mille frayeurs troublaient leur vie malheureuse ; ils trouvaient un jour à manger, et le jour suivant ils éprouvaient la faim. Les animaux virent enfin que la vie sociale pouvait seule leur procurer une nourriture assurée, et qu'un échange de travaux était le moyen que l'homme employait pour satisfaire ses besoins divers.

Le chat, maigre et faible, à demi mort de faim, demanda le premier audience.

« Parlez, Minet, répondit l'homme ; que pouvez-vous pour le bien public ? De ces dents et de ces griffes, lui répond le chat, je vous servirai avec vigilance ; je détruirai les souris qui souillent vos mets, et aucun rat ne sor-

tira de ses embuscades nocturnes pour entamer vos provisions, et pour y imprimer ses
dents destructives.

« Je conviens, dit l'homme, que ces qualités peuvent contribuer au bien général. Les
rats, les souris, dérobent nos grains ; c'est en
vain quelquefois que nos laboureurs moisson-
nent : vous protègerez leur travail, en dé-
truisant cette race ennemie. »

Puis se tournant vers le chien : « Maintenant, Turc, dit-il, apprenez-moi quels sont vos
talents.

— Sire, répond le chien, qui se loue soi-
même, mérite qu'on le soupçonne de se trop
vanter. Interrogez donc ceux qui me connaissent? demandez-leur si la défiance la plus vigilante me trouva jamais ou traître ou injuste ;
si jamais je fus infidèle, ou si l'on m'a vu
trahir un ami : demandez-le à mes camarades,
qu'ils parlent tous. Ma vigilance, mon zèle ,
et ma constance, vous seront utiles. Quand je
garderai vos troupeaux, ils paîtront en sûreté ; quand je vous garderai vous-même la
nuit, les voleurs n'oseront pas vous attaquer
lorsque vous dormirez.

— Vous avez raison, répond l'homme ; des
services si importans méritent une récompense.

La fidélité pure et incorruptible est si rare parmi nous, que vous méritez les plus grands égards. Cette précieuse vertu est au-dessus de tout prix : soyez donc mon ami et mon camarade. »

Il s'adressa ensuite à la mouche : « Quels services, lui dit-il, peut-on attendre de vous ?

— De moi? répond l'insecte ailé. Je pensais que vous connaissiez mieux ma naissance. Sire, je suis gentilhomme ; me conviendrait-il de m'abaisser jusqu'à l'industrie ? Que tous ces vils artisans gagnent par un travail assidu leur ignoble nourriture ; ils remplissent leur destin : mais moi, je jouis tous les jours de plaisirs de toute espèce ; nul soin ne me trouble et n'altère mes délices. A midi, heure du lever des dames, je bois à petits traits leur thé le plus doux ; je fais sur les flacons de Champagne des dîners divins, et respire le parfum des vins de Syracuse ; je ne recherche enfin qu'élégantes fêtes, je ne vis que pour le plaisir. » L'homme, riant de son orgueil, réprimanda ainsi le fat inutile.

« Hors de là! hors de cette pêche, de ce siége couvert de duvet! Un oisif ne le mérite pas. Aurais-tu, sot que tu es, aurais-tu entamé cette peau vermeille, et goûté cette chair parfumée, si une main laborieuse n'avait préparé la terre avec soin pour élever l'arbre ? Si toutes les créatures étaient comme toi, sans aucun mérite, la faim t'aurait obligé de chercher ta nourriture sur un fumier; c'est là que les animaux aussi méprisables que toi sont enfin réduits à se nourrir sans qu'on les plaigne.

« Si tu peux discerner le vrai et le faux, apprends, vil insecte, assez vain pour n'aimer que toi, que celui qui contribue par un zèle industrieux à augmenter l'aisance publique, connaît seul ses vrais intérêts.

Il dit, et, d'un souffle couchant par terre l'incommode parasite, il fait, en l'écrasant, un exemple public de ce fainéant.

(GAY.)

AMPLIFICATION VINGT-TROISIÈME.

PORTRAIT DE CLÉMENCE.

Tous les traits de Clémence sont réguliers et agréables; ce que l'on voit fort peu, car il semble que les caprices de la nature fassent naître les agréments de l'irrégularité, et que les beautés achevées, qui ont toujours de quoi se faire admirer, aient rarement le secret de savoir plaire.

Clémence à des yeux bleus pleins de douceur et d'expression, le sourire de la candeur sur des lèvres de roses. Sa taille est bien prise, aisée, élégante; son maintien est grave, mais naturel et plein de grâces.

Dans la conversation ordinaire, elle ne dit rien avec étude, et rien par hasard. Elle exprime ses pensées avec aisance et goût. Elle a de l'esprit pour se faire aimer, et non pour se faire craindre; de la vertu pour se faire estimer, et non pour mépriser les autres. Laissant aux folles dont elle est entourée, la coquetterie, la frivolité, les caprices, les jalousies, elle consulte toujours son cœur qui est pur, et sa raison qui est saine, préférablement à l'opinion, cette reine du monde qui gouverne si despotiquement les insensés et les sots.

Clémence est naturellement bienfaisante, mais une juste considération de ses affaires retient ce noble sentiment; elle aime mieux contraindre la générosité de son cœur que de tomber dans un état où elle eût besoin des autres.

9..

Parmi les avantages de Clémence, un des plus grands c'est d'être toujours la même, et de toujours plaire ; car on voit souvent que la plus belle humeur devient ennuyeuse à la fin ; les esprits les plus fertiles viennent à s'épuiser, et vous font tomber avec eux dans la langueur. Clémence plaît-elle seule et en tout temps. On se réjouit de pouvoir trouver avec les autres une heure agréable ; on se plaindrait de rencontrer avec elle un fâcheux moment. Ce n'est point une imagination qui vous étonne, et bientôt après vous lasse : ce n'est point un ton sérieux qui fasse acheter une conversation solide, par la perte de la gaieté ; c'est une raison qui plaît par la grâce et l'enjouement.

Renfermée dans les devoirs d'épouse et de mère, elle consacre ses jours à la pratique des vertus domestiques : occupée du gouvernement de sa famille, elle règne sur son époux par la complaisance, sur ses enfants par la douceur, sur ses domestiques par sa bonté.

Sa maison est la demeure des sentiments religieux, de la piété filiale, de l'amour conjugal, de la tendresse maternelle, de l'ordre, de la paix intérieure ; économe et sédentaire, elle en écarte les passions et les besoins ;

l'indigent qui se présente à sa porte n'en est jamais repoussé; l'homme licencieux ne s'y montre point. Clémence a un caractère de réserve et de dignité qui la fait respecter, d'indulgence et de sensibilité, qui la fait aimer, de prudence et de fermeté, qui la fait craindre; elle répand autour d'elle une douce chaleur, une lumière pure qui éclaire et vivifie tout ce qui l'environne.

Est-ce la nature qui l'a placée ou la raison qui l'a conduite au rang suprême où on la voit.

AMPLIFICATION VINGT-QUATRIÈME.

ARGUMENT.

Cette allégorie, toute frivole qu'elle peut paraître, nous fournit une morale bien digne de notre attention; la même qu'ont enseignée Socrate et Platon, la même que Perse et Juvénal ont pour but dans leurs plus belles satires. Cette allégorie fait connaître la vanité de nos desirs, et l'indécence des vœux que nous adressons à l'Être Suprême. Suivons, en le priant, les formes qu'on a si sagement établies. Utiles à tous égards, elles le sont particulièrement en un point; c'est que, dans l'action la plus importante de la vie,

elles tiennent nos desirs en respect, et les empêchent
de s'échapper à des demandes ridicules.

LES VOEUX.

Jupiter, voulant un jour se divertir, leva
une certaine trappe placée devant le marche-
pied de son trône ; il fit monter au ciel le philosophe Ménippe, qui avait déjà fait une fois
ce voyage (1). La trappe levée, il en sortit
tout à coup un bruit et des clameurs dont le
philosophe fut étourdi. Il pria Jupiter de lui
dire ce que c'était. « Ce sont, répondit le
maître du tonnerre, les prières qui me sont
adressées par les habitants de la terre. » La
confusion des voix et des paroles était si
grande, qu'il ne fallait rien moins que l'oreille
de Jupiter pour les démêler. Cependant Ménippe y distingua ces mots : *richesses, honneurs, longue vie.* Aussi étaient-ils dits et
répétés sur tous les tons, et dans toutes les
langues du monde. Le tintamarre cessa enfin ;
et les prières ne passant plus par la trappe que
l'une après l'autre, elles furent entendues plus
distinctement. La première parut assez bi-

(1) Voyez l'Icaro Ménippe de Lucien.

zarre ; elle demandait à Jupiter une sagesse
toujours plus grande, avec une barbe toujours
plus longue. Elle venait d'Athènes ; et, à la
voix du suppliant, Ménippe reconnut la voix
de son ami Nicanor. La prière suivante fut
celle d'un négociant, qui recommandait un
de ses vaisseaux prêt à faire voile : « Si ce
vaisseau revenait à bon port et richement
chargé, il offrirait une coupe d'argent. — Oh!
celui-là mérite d'être bien traité : c'est un honnête homme, je ferai son affaire. » On entendit
une voix douce et touchante. — « O Jupiter,
disait-elle, répands sur moi toutes les grâces
qui peuvent me rendre toujours aussi aimable
que belle. Je vous promets une petite statue en
argent. — Gardez votre statue, dit le souverain
des dieux : ces grâces que la nature vous a ac-
cordées ne servent qu'à augmenter le nombre
des malheureux que vous faites souffrir par vos
caprices et votre coquetterie. »

 « O puissant Jupiter ! disait une voix cassée
par l'âge, la terre renferme quelques trésors
cachés ; indique-moi où ils sont. Je te promets une victime pour chaque trésor. — Oui
si elle ne te coûte rien...... Insatiable avare,
n'es-tu pas content de ceux que tu caches à
tous les yeux. Songe que tu n'as plus que quel-

ques jours à vivre. Fais des heureux, afin qu'ils prient les dieux de t'épargner lorsque tu descendras vers les sombres bords. »

Il fut interrompu par une quantité de vœux qu'on lui adressait pour la santé d'un tyran. Les sujets de ce mauvais prince priaient en sa présence ; ils priaient avec une ferveur dont Ménippe était édifié. Mais il le fut moins lorsqu'il entendit certains murmures qui suivirent : « O Jupiter, disaient tout-bas les mêmes personnes, pourquoi laisses-tu vivre ce monstre, et que fais-tu de ton tonnerre ? » Jupiter fut si indigné de la duplicité et de la bassesse de ces misérables, qu'il n'écouta que les premiers vœux, et se moqua de l'oraison secrète.

Ménippe demanda alors ce que c'était qu'un gros nuage qu'il voyait monter peu à peu et venir droit à la trappe. « C'est la fumée d'une hécatombe (1), qui m'est offerte par un général. Cet homme-là m'impatiente et m'excède ; il veut que je lui laisse massacrer une armée qu'il voit prête à se bien défendre ; une armée de cent mille hommes, dont le moindre vaut

____

(1) Sacrifice de cent victimes qui se faisait en même temps sur cent autels de gazon par cent sacrificateurs. Il s'offrait dans des cas extraordinaires, soit heureux, soit malheureux.

autant que lui. Eh ! que croit-il être à mes yeux pour oser me faire une demande si impudente ? J'irai détruire cent mille créatures humaines pour illustrer un ambitieux !. Non. »

Le nuage se dissipa et fit place à un petit vent agréable que Ménippe prit d'abord pour un Zéphire. C'était une quantité prodigieuse de soupirs, de desirs, qui sentaient les fleurs et l'encens. « Tout cela me vient d'Athènes, dit Jupiter : ce sont des voluptueux, de gastronomes, qui me demandent des forces et de la santé pour augmenter leurs jouissances. Soit que j'accorde, soit que je refuse, il m'est tellement impossible de les contenter, que j'ai pris enfin mon parti. Je mettrai un vent d'ouest en croisière dans la moyenne région de l'air, avec ordre d'arrêter au passage toutes leurs fadaises, et de les éparpiller à l'aventure. »

La derniere prière que l'on entendit fut celle d'un homme âgé de près de cent ans, qui ne demandait plus qu'une année de vie ; il promettait ensuite de mourir content. « Ce vieillard, dit Jupiter, est un étrange mortel ; voilà plus de vingt années de suite qu'il me fait la même prière. A cinquante ans, il ne demandait que le temps d'établir son fils ;

je lui accordai ce qu'il demandait : ensuite ce fut sa fille qu'il voulait marier ; bientôt après, son petit-fils, dont il voulait faire l'éducation ; ensuite il me demanda de lui laisser encore le temps de le voir marié ; maintenant il veut voir l'enfant qui doit naître de cet hymen : il n'y a pas de raison pour que cela finisse, je ne veux plus entendre parler de lui. » A ces mots, Jupiter ferma brusquement la trappe, et l'audience finit pour ce jour-là.

N. B. Cette allégorie est plutôt imitée que traduite du Spectateur.

Voyez t. iv du Spectateur, p. 178. Amsterdam, 1768.

AMPLIFICATION VINGT-CINQUIÈME.

LE PRINTEMPS.

L'aimable Printemps, cette déesse, ame de la nature, descend du haut des cieux balancée sur les ailes des zéphyrs. Une vapeur légère, émanée d'elle-même et comme imprégnée de verdure, décèle sa trace vivifiante. Sa taille efface celle de la messagère des dieux ; ses traits, ceux de la plus jeune des Grâces ; l'éclat de la rose nouvellement épanouie le cède à celui de

son teint. Les cieux sont épurés par son haleine parfumée; tout se réjouit à son aspect,
tout se rajeunit.

> Avril a réveillé l'aurore paresseuse,
> Et les enfants du Nord, dans leur fuite orageuse,
> Sur la cime des monts ont porté les frimas.
> Le beau soleil de mai, levé sur nos climats,

a dissipé les voiles épais du triste hiver, et
font place à des nuages légers, épars sur l'horizon, et semblables à des flocons de laine
blanche.

Les zéphirs sortent de leur retraite; ils
rendent à la terre la vie et le mouvement, et,
pour ranimer la fleur qui vient de naître, ils
vont dérober au ciel les précieuses larmes de
l'Aurore.

L'herbe nouvelle, produite par l'air tempéré, s'étend depuis les prés humides jusque
sur la colline desséchée; elle croît, s'épaissit
et rit à l'œil de toutes parts. L'aubépine
blanchit, la sève des arbrisseaux pousse de
jeunes boutons et se développe par degrés.

La nature répand à la fois dans les jardins
des couleurs riantes sur les fleurs, et dans l'air
le doux mélange de tous les parfums.

Le perce-neige et le safran s'offrent d'abord ; la marguerite, la primevère, la violette d'un bleu foncé, la pensée veloutée, le polianthe de mille couleurs, et les plantes prodigues qui embaument les jardins et les prés, préparent les plus doux parfums. Les anémones, les oreilles-d'ours enrichies de cette poudre brillante qui orne leurs feuilles de velours, la pleine renoncule d'un rouge ardent, décorent la scène éclatante ; ensuite la nation des tulipes, où la beauté déploie ses caprices innocents, qui se perpétue de race en race, et dont les couleurs variées se multiplient et se mélangent à l'infini, comme les germes premiers, tandis qu'elles éblouissent l'œil charmé.

Toutes les fleurs se succèdent, depuis le bouton qui naît avec le printemps jusqu'à celles qui embaument l'été. Les hyacinthes, du blanc le plus pur, s'abaissent et présentent leur calice incarnat ; les jonquilles d'un parfum si puissant, le narcisse encore penché sur la fontaine fabuleuse, et d'une belle carnation, les œillets agréablement variés, la rose, cette reine des fleurs se balançant sur sa tige épineuse : tout s'offre à la fois aux sens étonnés et ravis. L'expression ne saurait rendre l'infinie variété, les délices, l'odeur, les couleurs, le souffle de la nature, ni sa beauté sans bornes.

La messagère du matin, l'alouette, s'élève en chantant à travers les ombres qui fuient devant le crépuscule du jour; elle appelle d'une voix perçante et haute les chantres des bois et les éveille au fond de leur demeure; les taillis, les buissons, chaque arbre irrégulier, chaque arbuste enfin, rend à la fois son tribut d'harmonie. La grive et l'alouette des bois semblent s'efforcer pour se faire entendre au-dessus de la troupe gazouillante; Philomèle écoute, et leur permet de s'égayer, certaine de rendre les échos de la nuit préférables à ceux du jour. Le merle siffle dans la haie, le pinson répond dans le bosquet, les linottes ramagent sous le genêt fleuri, et mille autres sous les feuilles nouvelles mêlent et confondent leurs chants mélodieux.

(Imité de Thompson.)

AMPLIFICATION VINGT-SIXIÈME.

ARGUMENT.

La cour est comme un vaste lieu de rendez-vous pour des gens de toute profession, dont les uns ont

des faveurs à répandre, les autres des grâces à solli-
citer. Parmi ces derniers, il se fait un continuel as-
saut de brigues fort curieux à voir. C'est à qui l'em-
portera sur son concurrent, et l'éloignera du but vers
lequel il marche. Pour cela, le grand talent est celui
de se rendre agréable. De là vient dans les courtisans,
l'air de complaisance, la basse flatterie, la souple in-
sinuation, l'obséquieux empressement. C'est chez
eux qu'on voit des passions couvertes, quelques-unes
déguisées, et d'autres affectées. De là vient encore
leur attachement pour les hommes qui peuvent les
servir, et leur indifférence pour ceux qui ne leur
sont bons à rien. L'ambition règle leur conduite à
l'égard de tout le monde, et c'est parmi eux que la
bonne fortune est un mérite, quelque indigne que
soit le sujet qu'elle combla de ses faveurs. C'est auprès d'eux que la capacité disparaît avec le crédit.
« La cour, a dit La Bruyère, est comme un édifice
bâti de marbre, c'est-à-dire, qu'elle est composée
d'hommes fort durs, mais fort polis. »

Les hommes de cour sont, dans le milieu de l'état,
comme une nation étrangère composée de personnes de diverses origines. Ils ne sont pas tous gens
d'esprit, mais ils ont presque tous une politesse excessive qui leur en tient lieu; ils ne sont pas tous
homme de bien, mais ils sont prodigues de démonstrations et de manières qui les font croire tels. Leur
esprit souple et complaisant se prête à tout, de sorte
qu'il est impossibe de démêler leurs véritables sentiments. Le mépris qu'ils ont pour tout ce qui n'est
pas de la cour va jusqu'à l'extravagance. Rien n'est

bien dit ni bien fait, que ce qu'on fait ou ce qu'on dit parmi eux : tout ce qui vient d'ailleurs est mesquin ou impoli. Ils sont fort peu savants, mais ils ont du goût et du tact. Lorsqu'ils s'érigent en connaisseurs sur toutes les productions de l'esprit, ils le font avec finesse, et se servent toujours des mots propres, qu'ils connaissent mieux que tous les grammairiens du monde.

L'agitation est le caractère particulier de tout ce qui se passe dans ce pays : les hommes et les chevaux n'y marchent qu'en courant, et c'est cependant là où on est le plus désœuvré. Celui qui convoite un emploi, ou prétend à la faveur du maître, craint de rencontrer des concurrents plus diligents que lui; il est continuellement sur ses gardes : plus il est ambitieux, plus il craint de ne pas réussir.

L'esprit de cour est plein d'amour-propre, de soupçons, de terreurs ou vraies ou fausses; l'amitié est un mot fort commun et un sentiment fort ignoré à la cour. De là vient la souplesse des courtisans, leur passage brusque d'une amitié feinte à une haine sincère, d'une démonstration gênante à une froideur impolie, de la louange au blâme, à l'égard de la même personne, selon qu'elle est en crédit ou disgrâciée, selon qu'elle peut nuire ou servir, ou qu'elle est incapable de tous deux.

Le grand but qu'on se propose à la cour est d'obtenir les bonnes grâces de celui qui approche du trône, ou de celui qui tient les rênes de l'autorité, et qui est la source des bienfaits ou des grâces. On étudie tous ses mouvements, ses inclinations, ses aversions, et on les adopte : ainsi un sourire, un air mécontent de celui qui est sur le trône, ou d'un favori qui en approche, est saisi avec empressement, et change le visage de toute la cour en un instant.

Il est de la plus grande importance, pour un prince, de connaître les courtisans qui l'environnent, afin de savoir placer sa confiance à propos, et de ne pas risquer d'être la dupe d'un masque d'hypocrisie, ce qui n'arrive que trop ordinairement pour la gloire des rois et le bien des peuples. Il doit se former une notion juste du génie général des gens de cour, et s'appliquer ensuite à étudier le génie particulier de ceux qui forment la sienne.

AVENTURE DU PÉLERIN.

CONTE.

Un roi de Naples, il s'appelait Roger, étant à la chasse, s'écarta de sa suite, et s'égara dans une forêt. Il y fit la rencontre d'un pélerin, homme d'assez bonne mine, qui, ne le connaissant point pour ce qu'il était, l'aborde avec liberté, et lui demande le chemin de Naples. « Compagnon, lui répond le roi, il faut que vous veniez de loin, car vous avez le pied bien poudreux. — Il n'est cependant pas, répondit le pélerin, couvert de toute la pous-

sière qu'il a fait voler. — Vous avez dû voir,
poursuivit Roger, et apprendre bien des choses
dans vos voyages. — J'ai vu beaucoup de gens
qui s'inquiétaient de peu. J'ai appris à ne pas me
rebuter d'un premier refus. Je vous prie donc
encore de vouloir m'enseigner la route qu'il
faut que je prenne ; car la nuit vient, il faut
que je songe à mon gîte. — Connaissez-vous
quelqu'un à Naples, demanda le roi ? — Non,
a répondit le pélerin. — Vous n'êtes donc pas
sûr, poursuivit le roi d'y être bien reçu ? —
Au moins suis-je sûr, dit le pélerin, de pardonner le mauvais accueil à ceux qui me l'auront fait sans me connaître. Mais la nuit vient
où est le chemin de Naples ? — Je suis égaré
comme vous, dit Roger, comment pourrais-je
vous l'indiquer ? Le mieux est que nous le
cherchions de compagnie. — Cela serait à merveille, dit le pélerin, si vous n'étiez pas à cheval ; mais je retarderais trop votre marche,
ou vous presseriez trop la mienne. — Vous
avez raison, dit Roger, il faut que tout soit
égal entre nous, puisque nous courons même
fortune. » Sur ce propos il descend de cheval, et le voilà côte à côte avec le pélerin.
« Devineriez-vous avec qui vous êtes, dit-il à
son compagnon ? — A peu près, répondit ce-

lui-ci ; je vois bien que je suis avec un homme. — Mais, insista Roger, pensez-vous être en sûreté dans ma compagnie ? — J'attends tout des honnêtes gens, reprit le pélerin, et suis sans appréhension des voleurs. — Croiriez-vous que vous êtes avec le roi de Naples ? — J'en ai de la joie, reprit le pélerin ; je ne crains pas les rois, ce ne sont pas eux qui nous font du mal : mais puisque vous l'êtes, je vous félicite de m'avoir rencontré. Je suis peut-être le premier homme qui se soit montré devant vous à visage découvert. — Eh bien, dit le roi, il ne faut pas que je sois le seul qui tire avantage de notre entrevue : suivez-moi, je ferai quelque chose pour votre fortune. — Elle est faite, sire, répondit le pélerin : je la porte avec moi. J'ai là, dit-il, en montrant son bourdon et sa besace, deux bons amis qui ne me laisseront manquer de rien. Je souhaite que vous trouviez dans la possession de votre couronne toute la satisfaction que je goûte avec eux. — Vous êtes donc heureux ? dit Roger. — Si l'homme peut l'être, répondit le pélerin : en tout cas j'ai fait un vœu, c'est de m'aller pendre, si j'en trouve un plus heureux que moi. — Mais, dit le roi, comment se peut-il que vous viviez content de votre sort, ayant besoin de tout le monde ? — Serais-je plus heureux, dit le pélerin, si tout le monde avait besoin de moi ? — Allez vous pendre, reprit Roger; car je pense être plus heureux que vous. — Si ce mal devait m'arriver, répliqua le pélerin, je croirais que quelque faquin plus désœuvré que moi, dût me porter le coup : je ne l'attendais pas de la part dont il me vient. Mais, comme le pas est dur à franchir, je pense qu'avant tout il serait bon que nous comptassions ensemble.

———

— Cela sera bientôt fait, dit Roger. J'ai en abondance les commodités de la vie. Quand je voyage, je le fais à mon aise, comme vous pouvez le voir ; car je suis bien monté, et j'ai dans mes écuries trois cents chevaux qui valent au moins celui-ci. Retourné-je à Naples, je suis sûr d'être parfaitement reçu. — Je ne ferai qu'une question, dit le pélerin. Jouissez-vous de tous ces biens avec une sorte de vivacité ? Seriez-vous sans affaires, sans ambition, sans inquiétude ? — Vous en demandez trop, pélerin, reprit Roger. — Votre majesté me pardonnera, dit le pélerin ; mais, comme l'affaire doit avoir des suites très sérieuses pour moi, je dois tout faire entrer en ligne de compte. Voici le mien : J'ai fait un honnête exercice.

J'ai grand appétit, et je souperai fort bien de tout ce qui se trouvera. Ensuite je dormirai d'un très bon somme jusqu'au matin. Je me leverai frais et dispos. J'irai partout où me porteront la curiosité, la dévotion, ou la fantaisie. Après demain, si Naples m'ennuie, le reste du monde est à moi. Convenez, sire, que, si je perds contre vous, je perds à beau jeu. — Pélerin, dit le monarque, je m'aperçois que vous n'êtes pas las de vivre, et vous avez raison. Je me tiens pour vaincu ; mais, pour prix de l'aveu que je fais, j'exige que vous soyez mon hôte pendant le séjour que vous ferez à Naples. — Je m'en garderai bien, sire, répliqua le pélerin : non que je me croie indigne de l'honneur que vous voulez me faire ; mais vous nous exposeriez tous deux aux discours malins de vos courtisans. Pendant qu'ils applaudiraient en apparence à votre charité, qu'ils affecteraient de me faire un accueil obligeant, on demanderait tout bas où vous avez ramassé cet étranger, ce vagabond ; ce que vous en prétendez faire ; quels talents, quel mérite vous lui supposez. On vous taxerait de trop de confiance, de légèreté, même de quelque chose de pis. — Et où le pélerin, repartit Roger, a-t-il appris à connaître la cour.

—Je suis né, repartit le pélerin, commensal
d'un palais, et, quoique je pusse y vivre fort à
mon aise, je me lassai bientôt d'y entendre parler fort mal d'un très bon maître qu'on ne cessait
de flatter en public, de voir qu'on ne cherchait
qu'à le tromper, et de vivre enfin avec des gens
qui n'avaient rien de haut que l'extérieur : je
m'éloignai bien vite pour aller chercher ailleurs
du naturel, des sentiments, de la franchise,
de la liberté. Depuis ce temps je cours le
monde. — Et vous pensez, dit le monarque,
que toutes les cours se ressemblent ? — C'est,
répondit le pélerin, le même esprit qui les
gouverne. — Vous avez donc, poursuivit le
roi, bien mauvaise opinion des gens qui nous
approchent ? — Vous seriez de mon avis, sire,
s'ils se montraient à vous au naturel. Mais ils
sont sur leurs gardes à cet égard, et ils auraient
de belles craintes, s'ils pensaient que vous
pussiez lire dans leur ame. Je veux vous four-
nir un moyen de vous divertir à leurs dépens.
Ce moyen n'est pas bien étrange et ne demande qu'un peu de mystère. » Là dessus le pélerin
développe son projet. Cependant le bruit des
cors et des chiens annonçant que les équipages
de Roger allaient bientôt le rejoindre, l'étranger se sépare de lui pour n'être pas aperçu,

tandis que le prince monte à cheval et pique
des deux pour aller au-devant de la chasse.

———

Le lendemain le pélerin se présente devant
le monarque avec un placet ; le roi reçoit le
placet sans affectation ; et, comme s'il eût
méconnu l'homme, témoigne d'abord quelque
surprise, puis ordonne que l'on amène cet
étranger au palais, lui donne une audience
de deux heures dans son cabinet, et sort de
cette audience d'un air rêveur, embarrassé, capable d'intriguer tous les spéculatifs de la cour.

Les gens qui n'étaient là que pour le cortège, ou pour grossir la foule, n'osaient témoigner leur curiosité ; mais le ministre et le
favori, ceux enfin qui avaient part à sa confiance, hasardèrent bientôt des questions.
« Cet homme, dit le prince à son ministre,
qui lui en parla le premier, est bien extraordinaire, et possède des secrets surnaturels. Il
m'a dit et m'a fait voir des choses étranges.
Voyez le présent qu'il m'a fait. Ce miroir,
qui semble très commun, représente d'abord
les objets au naturel ; mais par le secours de
deux mots chaldéens, l'homme qui s'y ré-
garde est tel qu'il aurait fantaisie d'être. En un
mot ces souhaits, ces imaginations, ces rêves

que les passions nous font faire en veillant, viennent s'y réaliser. J'en ai fait l'expérience ; et croiriez-vous que je me suis vu sur le trône de Constantinople, ayant mes rivaux pour courtisans et mes ennemis à mes pieds ? Mais le récit ne donne qu'une idée imparfaite de la chose ; il faut que vous la voyiez vous-même, et vous ne pourrez revenir de votre surprise. — Dispensez-m'en, sire, reprit le ministre d'un ton froid et grave, qui déguisait assez bien son embarras. Le pélerin ne peut être qu'un dangereux magicien : je regarde son miroir comme une invention diabolique, et les paroles qu'on a enseignées à votre majesté sont sûrement sacriléges. Je m'étonne que, pieuse comme elle l'est, elle n'ait pás conçu d'horreur pour une aussi damnable invention. » Roger ne crut pas devoir insister davantage auprès de son ministre, et essaya de présenter le miroir à ses favoris. Ils répondirent qu'ayant les bonnes grâces de sa majesté, ils sont tels qu'ils desirent être, et ne veulent rien voir au-delà. Roger tenta vainement de faire l'essai de son miroir ; il éprouva partout les mêmes refus. Les consciences s'étaient révoltées ; il faut, disait-on, brûler le pélerin et son miroir.

Le roi, voyant que la chose prenait un tour assez sérieux pour qu'on lui en fît parler par des personnes autorisées, fit appeler le pélerin à son audience publique. « Vous n'êtes pas sorcier, lui dit-il, pélerin ; mais vous connaissez le monde. Vous avez parié que je ne trouverais personne à ma cour qui voulût se montrer à moi tel qu'il est, et vous avez gagné votre gageure. Reprenez votre miroir : vous l'aviez acheté dans une boutique de Naples, et il nous a bien servi pour les deux carolus qu'il vous a coûté. »

(Cazotte.)

AMPLIFICATION VINGT-SEPTIÈME.

L'ÉTÉ.

Le fils du Soleil, l'éclatant Été, paraît et dore nos champs ; il s'avance dans l'orgueil de sa jeunesse, et se fait sentir jusqu'aux entrailles de la terre. Il vient suivi des heures brûlantes et des vents rafraîchissants. Le Printemps fuit ses ardents regards, et la terre et les cieux se livrent à l'empire brûlant de son successeur.

Fuyons au fond de ce bosquet solitaire : là, assis en liberté sur la verdure épaisse et foncée, près d'un ruisseau limpide qui murmure en parcourant son chemin ; respirant le parfum du jasmin et du chèvrefeuille, que la diligente abeille vient butiner ; c'est là que, goûtant un doux calme, un doux repos, je puis songer à toi, chère amie, aimable et douce compagne de mon enfance; rappeler à ma mémoire nos jeux, nos plaisirs du premier âge, embellis par les charmes de la pure et consolante amitié.

(Imité de Thompson.)

AMPLIFICATION VINGT-HUITIÈME.

DISCOURS DE BRUNEHAUT
A CHILPÉRIC.

Ombre de Sigebert, déclare ici quel bras a conduit les poignards qui t'ont fait ces blesures ? Ombre de Glaswinde, tendre sœur, toi que l'Hymen a conduite au trépas, nomme la main qui fit un linceul du voile nuptial dont se couvrit ton front le jour funèbre où tu devins épouse ! Nomme la main qui changea les riches colliers que j'ajoutai à ta parure, en ces nœuds redoublés qui meurtrissent ton cou sanglant (1). O Sigebert! ô Glaswinde! dites un mot, faites un signe, et quelqu'un ici va frémir.... Mais pourquoi craignez-vous de révéler des forfaits qui n'étonneraient point ce séjour.... Ombres trop généreuses, pourquoi respectez-vous encore des liens que le crime a brisés? Ah! plus d'égards, plus de pitié! Si les tombeaux vous ont appris le secret de la mort, confiez-le à ma vengeance, et bientôt vous verrez aux enfers celui que vous ne voulez pas nommer. Mais alors il faudra bien apprendre au juge qui mesure les supplices sur les forfaits, que c'est Chilpéric qui fit assassiner son épouse et son frère.

(Extrait de la Gaule poétique.)

AMPLIFICATION VINGT-NEUVIÈME.

L'ORAGE.

Une épaisse obscurité couvre déjà les forêts; elle gagne et s'étend sur tout le firma-

---

(1) Glaswinde fut trouvée étranglée dans son lit. Voyez Grégoire de Tours.

ment ; des nuages prodigieux s'entassent et tournent avec impétuosité ; le soleil se plonge dans l'obscurité la plus épaisse ; un crépuscule mêlé de jour et de nuit qui se combattent et se succèdent, paraît sortir de ce gouffre effrayant. Un profond silence règne sur le sombre espace ; on n'entend plus qu'un bruit sourd, sortant des montagnes. Les habitants de l'air se précipitent dans les plus bas vallons. Le corbeau, qui aime la tempête, ose à peine voler dans cette lueur incertaine. Les bestiaux s'arrêtent et jettent un regard lamentable sur le ciel en courroux ; l'homme les abandonne et fuit dans la cabane déjà pleine de bergers, ou cherche l'abri d'une caverne profonde. Tout est dans l'étonnement, la crainte et le silence, quand tout à coup l'éclair se montre au sud à l'œil effrayé. Le tonnerre, qui le suit plus lentement, fait entendre sa voix terrible à travers les nuages dans la vaste étendue. La tempête gronde et résonne dans les cieux. L'orage approche, il roule son terrible fardeau sur les vents ; les éclairs forment des sillons plus larges, et le bruit redouble : le nuage s'ouvre et se ferme sans cesse, se ferme et s'ouvre encore, s'étend et enveloppe tout dans une immensité de feu :

10..

le bruit suit de près, augmente et brise ses liens ; le fracas répété écrase et déchire le ciel et la terre. Les nuages ouverts versent un déluge de pluie. Le tonnerre en tournoyant déchire la nue et se précipite avec fureur sur la terre. Le pin et le chêne, noircis du coup, demeurent un tronc informe et hideux ; le rocher escarpé est frappé du même coup, ainsi que le palais et la tour altière ; ils tombent et perdent pour jamais leur ancien orgueil.

Les troupeaux frappés de terreur, restent étendus comme un groupe inanimé. Les coupables effrayés, écoutent ; leurs pensées se troublent : cependant ce n'est pas toujours sur la tête criminelle que tombe le coup fatal.

Les nuages, dispersés de la surface des cieux, errent en désordre. Le firmament sans bornes s'élève et étend sur le monde un azur plus pur. La nature, après la tempête, se pare de nouveau ; l'éclat et le calme se répandent dans un instant à travers l'air qui s'éclaircit : une écharpe éclatante de soie, ornée d'un rayon jaune, signe du danger passé, environne les champs baignés encore après l'orage.

MÊME SUJET.

L'horizon se chargeait au loin de vapeurs ardentes et sombres; le soleil commençait à pâlir; la surface des eaux, unie et sans mouvement, se couvrait de couleurs lugubres dont les teintes variaient sans cesse. Déjà le ciel, tendu et fermé de toutes parts, n'offrait à nos yeux qu'une voûte ténébreuse que la flamme pénétrait, et qui s'appesantissait sur la terre. Toute la nature était dans le silence, dans l'attente, dans un état d'inquiétude qui se communiquait jusqu'au fond de nos ames. Nous cherchâmes un asile dans le vestibule du temple, et bientôt nous vîmes la foudre briser à coups redoublés cette barrière de ténèbres et de feu suspendue sur nos têtes; des nuages épais rouler par masses dans les airs et tomber en torrents sur la terre; les vents déchaînés fondre sur la mer et la bouleverser dans ses abîmes. Tout grondait, le tonnerre, les vents, les flots, les antres, les montagnes; et de tous ces bruits réunis, il se formait un bruit épouvantable qui semblait annoncer la dissolution de l'univers. L'aquilon ayant redoublé ses efforts, l'orage alla porter ses fureurs dans les climats de l'Afrique. Nous le suivimes des yeux, nous l'entendîmes mugir dans le lointain. Le ciel brilla d'une clarté plus pure ; et cette mer, dont les vagues écumantes s'étaient élevées jusqu'aux cieux, traînait à peine ses flots jusque sur le rivage.

(BARTHÉLEMY, Voyage du jeune Anacharsis en Grèce.)

AMPLIFICATION TRENTIÈME.

—

ATTILA.

PORTRAIT.

Sous le règne de l'empereur Théodose, dans le cinquième siècle, Attila vint au monde pour le malheur de l'univers. Cet exterminateur du genre humain, qui envahit alternativement l'Orient et l'Occident, qui accéléra la chute de l'empire romain, fut un des plus grands monarques dont ait parlé l'histoire.

Il tirait son origine illustre (1) des anciens Huns qui avaient combattu les empereurs ds la Chine.

Ses traits présentaient toute la difformité

d'un Tatar Calmouck, et portaient l'empreinte de son origine.

Une grosse tête, un nez aplati, un teint basané, quelques poils au lieu de barbe, une taille courte et carrée, et un ensemble qui annonçait la force et la vigueur; tel est le portrait que Jornandès (2), historien des Goths, nous a laissé de ce prince.

La démarche fière et le maintien du roi des Huns annonçaient le sentiment de sa supériorité sur le reste du genre humain.

Sa voix forte et sonore, l'habitude qu'il avait contractée de rouler ses yeux d'un air féroce (3), inspiraient la terreur à cette foule de rois obscurs et de chefs de tribus guerrières qui servaient sous ses drapeaux. Attentifs à tous ses regards, ils tremblaient au moindre signe de mécontentement, et au premier signal, ils exécutaient ses ordres les plus sévères, sans se permettre un murmure.

Rusé, fier, ardent dans sa colère, mais sachant la régler suivant ses intérêts, craint de ses sujets sans être haï (4), fidèlement servi des rois mêmes qui étaient sous sa dépendance, il fit trembler tous les peuples, et devint, comme il le disait insolemment, le fléau de Dieu.

Attila n'était point inaccessible à la pitié, il tenait inviolablement sa parole aux ennemis suppliants qui obtenaient leur pardon. Ce héros, terrible dans la guerre, mettait son orgueil à imiter la simplicité de ses ancêtres (5); ses vêtements, ses armes, le harnois de ses chevaux, étaient simples, sans ornements, et d'une seule couleur. Sa table était de bois, ainsi que ses coupes et ses plats; il ne se nourrissait que de viande, et regardait le pain comme un luxe indigne d'un conquérant du Nord.

Sa tente était environnée d'une garde formidable; il avait, au lieu de trône, une chaise de bois (6). Il assemblait fréquemment ses conseils, donnait audience aux ambassadeurs des différentes nations; et à des heures fixées, et suivant l'ancienne coutume des princes de Scythie, le peuple pouvait approcher de son tribunal, qu'il tenait devant la porte de son palais de bois.

Quand il monta sur le trône, et après le meurtre de son frère Bléda (7), il devint maître absolu de tout le pays, depuis l'Hellespont jusqu'aux Thermopyles et aux faubourgs de Constantinople. Sa politique insidieuse le servit autant que la terreur de ses armes (8);

la conquête du Nord fut plus l'ouvrage de son génie que de ses exploits personnels : sa valeur fut toujours guidée par la prudence. Il sut joindre à l'habileté d'un général, l'intrépidité d'un soldat : bravoure qu'on ne peut guère louer, dit M. de Montesquieu (9), dans le chef d'une nation où les enfants entraient en fureur aux récits des beaux faits d'armes de leurs pères, et où les pères versaient des larmes de joie, parce qu'ils ne pouvaient pas imiter leurs enfants.

Attila feignit d'avoir trouvé l'épée de leur divinité tutélaire. Fier de posséder cette arme (10), qui donnait à sa puissance un caractère sacré, il ne songea plus qu'à faire valoir ses droits divins et incontestables à l'empire de l'univers (11). Il ne nous reste plus d'autres monuments du nombre et de l'importance de ses victoires, que la vaste étendue de ses états.

Quoique le roi des Huns fît peu de cas des sciences et de la philosophie, il regretta peut-être, que la barbare ignorance de ses sujets fût incapable de perpétuer le souvenir de ses exploits.

Né connaissant d'autre politique que la guerre, et d'autres lois que celles de la victoire, il ne fit rien pour conserver à sa famille les vastes états qu'il avait conquis.

L'empire des Huns périt avec lui (12), et les ruines de cinq cents villes furent les seuls monuments de sa puissance (13).

(Extrait de mon Cours d'Histoire de France, considérée sous le rapport de la civilisation et de la biographie; ouvrage inédit.)

NOTES.

(1) Et peut-être royale dit *Priscus*, p. 47, 48; et l'Histoire des peuples de l'Europe, t. 7, c. xiii et *passim*.

Les Hongrois modernes le font descendre de *Ham*, fils de *Noah*, en remontant au trente-cinquième degré de filiation, et cependant ils ignorent le vrai nom de son père. *Deguignes*, Histoire des Huns, t. 2, p. 297.

Suivant Gibon, t. 8, c. xxxiv, p. 159; traduction de Septchenes, Attila était fils de Mundruk.

(2) Jornandès, *de rebus gesticis*, c. 36, p. 661.

(3) Ses regards sévères, ses gestes d'impatience, et sa voix menaçante, étonnèrent Maximien.

(4) Les sujets d'Attila le regardaient comme un maître équitable et indulgent.

(5) Gibon, *loco citato*.

(6) Attila reçut les députés de Bysance, assis sur une chaise de bois; et, reprochant à l'empereur Théodose d'avoir manqué aux conditions des traités : « Où est la forteresse, s'écria-t-il, où est la ville de l'empire, qui

peut prétendre a subsister, lorsqu'il nous plaira de la détruire. Les députés ne purent appaiser ce monarque qu'à force de présents.

(7) Bléda, son frère, qui régnait sur une grande partie de la nation, perdit le sceptre et la vie, et ce meurtre dénaturé passa pour une impulsion surnaturelle (Gib. t. 8, c. 34, p. 163). Le comte de Buat, Hist. des peuples de l'Europe, t. 7, pag. 428 et 429, essaie de justifier Attila du meurtre de son frère, et paraît récuser les témoignages de *Jornandès*, et des chroniques contemporaines.

(8) Il insérait adroitement dans ses déclarations publiques des conventions particulières, semait la jalousie entre les Goths et les Romains, il les caressait et les menaçait tour à tour.

(9) De la Grandeur et de la Décadence de l'Empire Romain.

(10) Attila employa des supercheries religieuses, adroitement adaptées à l'esprit de son siècle et de son pays. Il était assez naturel que des Scythes eussent une vénération de préférence, pour le dieu des combats, mais étant inhabiles à se former une idée abstraite, ou une représentation figurée, ils adoraient leur divinité tutélaire sous le symbole d'un cimeterre.

Un pâtre des Huns, ayant aperçu qu'une de ses génisses était blessée au pied, suivit avec attention la trace du sang, et découvrit à travers les herbes la pointe d'une épée, qu'il tira de terre, et qu'il offrit à Attila. Le prince artificieux reçut le présent céleste, avec des démonstrations de pieuses reconnaissance. Priscus rapporte cette histoire dans son propre texte, pag. 65, et dans la citation de Jornandès, (*de rebus gesticis*, t. 35, p. 662). Il aurait pu expliquer la tradition ou la fable qui caractérisait cette fameuse épée, et en même temps, le nom et les attributs de la divinité de Scythie dont il a fait le Mars des Grecs et des Romains.

La vigueur avec laquelle Attila maniait l'épée de Mars, persuadait au peuple qu'elle avait été faite pour son bras invincible.

(11) Lorsque le monarque rassemblait toutes ses forces militaires, son armée se trouvait composée de cinq, ou, selon d'autres, sept cent mille barbares.

Jorn., *de reb. gest.*, t. 35, p. 661 ; t. 17, p. 667.

Tillemont, Hist. des emp., t. 6, p. 129 — 138.

(12) *Dubos.* Histoire crit. de la Monarch. franç., t. 1, ch. 18, p. 592.

Prosp. Fast. ad annum 453.

(13) En tirant une ligne de séparation entre les climats sauvages et les nations civilisées, entre les habitants des villes qui cultivaient la terre, et les hordes de pâtres et des chasseurs qui vivaient sous des tentes, on peut donner légitimement à Attila le titre de monarque universel de tous les barbares.

Voyez, pour les détails de la mort d'Attila, et sur ses funérailles, Gibon, t. 8, ch. xxxv, p. 297, 298 et suiv., traduction de M. Septchenes.

Jornandès, *de reb. gest.*, c. 49, p. 683 et 684, c. 50, p. 686.

AMPLIFICATION TRENTE ET UNIÈME.

L'AUTOMNE.

Quand le signe éclatant de la Vierge cède les beaux jours, et que la balance pèse les saisons avec égalité, le fier éclat de l'été quitte la voûte des cieux, et un bleu plus serein, mêlée d'une lumière dorée, anime et enveloppe le monde. Le soleil tempéré s'élève avec ses doux rayons et verse à travers les nuages brillants un calme agréable. L'Automne, source de joie, arrive armé de sa faux et couronné de gerbes de blé qui s'agitent sur nos champs dorés. Tout ce que le soleil d'été a profondément mûri paraît à la vue et se montre dans toute sa beauté et sa perfection. Pas un souffle de vent ne roule ses vagues légères sur la plaine ; c'est le calme de l'abondance. Si l'air agité sort de son équilibre et prépare la marche des vents, le soleil vient tout à coup disperser les nuages épais.

Aussitôt que l'aurore matinale vacille sur le firmament, et que, sans être aperçue, elle déploie le jour incertain sur les champs, les moissonneurs se rangent en ordre; ils partent gaiement pour cueillir les dons de Cérès.

Tandis qu'autour de ces bandes joyeuses le caquet, la raillerie, et même la petite médisance, volent sans cesse pour tromper les heures pénibles et le temps de la chaleur, le maître arrive le dernier, plein des douces espérances de la moisson; témoin de l'abondante récolte, ses regards se portent de toutes parts, son œil est rassassié, et son cœur peut à peine contenir sa joie. Les glaneurs se répandent tout autour, le râteau succède au râteau, et ramasse les restes épars de ces trésors.

O vous, laboureurs! évitez un soin trop avare, laissez tomber de vos mains libérales quelques épis de vos gerbes; offrez ce tribut de reconnaissance au dieu de la moisson qui verse ses biens sur vos champs, tandis que vos semblables, privés du nécessaire, viennent, comme les oiseaux du ciel, pour ramasser quelques grains épars, et demandent humblement leur portion. Considérez que l'inconstance de la fortune peut forcer vos enfants à demander eux-mêmes quelque jour ce que vous donnez aujourd'hui si faiblement.

Quittons ces champs où la joie retentit;

parcourons les vergers chargés de fruits. Le plus mûr se détache et tombe en abondance, obéissant au souffle du vent, et au soleil qui achève sa maturité.

La nature féconde varie à l'infini la composition des fruits : leur forme, leur goût, leur parfum, tout est différent. Ces tas de pommes dispersées çà et là, dont la main puissante de l'année forme la pourpre des vergers, et dont les pores renferment un suc spiritueux, frais, délicieux, aiguisent le cidre piquant d'un acide qui flatte et désaltère.

Portons nos regards sur ces espaliers parés des plus belles couleurs : la pêche offre son duvet; plus loin la vigne pousse ses branches entrelacées, où pendent des grappes pleines, vives et transparentes, presque cachées sous un feuillage épais. La rosée blanche et vivifiante nourrit et perfectionne le fruit et le jus exquis qu'il renferme.

Les jeunes filles et les jeunes garçons arrivent pour cueillir les prémices de l'automne ; ils courent et annoncent en dansant le commencement de la vendange. Le vigneron la reçoit et la foule ; des flots de vin et d'écume coulent ; le marc écrasé en est couvert ; bientôt la liqueur fermente et se raffine par degrés.

Là, se prépare le bourgogne délicieux ; ici le joyeux champagne, vif comme l'esprit qu'il donne.

Déjà l'automne répand ses derniers rayons, qui annoncent les approches de l'hiver ; les les hirondelles s'assemblent en jouant, elles planent dans l'air, s'agitent légèrement et volent en rasant les eaux ; elles se rejoignent avant de se rendre à leurs retraites d'hiver.

(Imité de Thomson.)

MÊME SUJET.

Personnifié sous les traits d'une déité, le riche Automne vient enfin accomplir les promesses du printemps. La déesse incline son visage vermeil, et, souriant à la terre qu'elle regarde avec une complaisance maternelle, elle partage la joie et le bonheur qu'elle lui procure, et, de sa main droite, elle secoue sa chevelure dorée, d'où échappe une pluie intarissable de mille fruits divers ; de la gauche, elle presse avec amour sa mamelle féconde, et en fait jaillir une liqueur douce et vermeille, dont les heureux enfants de Cybèle seront bientôt abreuvés.

Son vêtement se colore du vert brillant de l'été, où s'entremêlent cependant quelques-unes des teintes flétries dont l'hiver, qui doit lui succéder bientôt, vient attrister la nature. Une écharpe légère dont la couleur rappelle la tendre verdure du printemps, entoure ses reins et se balance mollement, gonflée par les zéphyrs; image allégorique de la seconde sève de l'année, qui paraît braver les approches de l'hiver, et fait un dernier effort pour se soustraire à sa puissance.

De ses pieds nus, colorés du vermillon des roses, et qu'un léger brouillard environne, elle foule la pourpre et l'or des raisins. Cette fille bienfaisante de l'Été prépare ainsi elle-même la liqueur de Bacchus, ce baume salutaire qui charme les soucis des mortels, et dont la chaleur pénétrante soutient et vivifie leurs forces épuisées. Outre ces dons, l'Automne procure à l'homme avide de jouissances les richesses et les plaisirs de la chasse. C'est en vain que la perdrix et le lièvre timide cherchent à éluder sous les plis de sa robe, les poursuites de leur agile ennemi; bientôt, hors d'état de fuir, ils deviennent la proie du chasseur.

(Giraudet.)

AMPLIFICATION TRENTE-DEUXIÈME.

ARGUMENT.

Homère, dans son immortel poëme, peint Jupiter pesant dans des balances les destinées d'Achille et d'Hector ; Virgile peint le même dieu, pesant le destin d'Énée et celui de Turnus.

Cette allégorie est familière aux Orientaux, et particulièrement aux écrivains sacrés. Chez ceuxci, tantôt c'est le grand roi de Babylone qu'on met dans la balance la veille de sa mort, et qui se trouve trop léger : tantôt c'est le Tout - Puissant qui pèse les montagnes, qui donne le poids aux vents, et l'équilibre aux nuées : tantôt, c'est lui encore qui pèse les actions des hommes, et les châtiments que sa justice leur distribue.

Ces grandes idées ont échauffé le génie de Milton ; elles nous ont valu un des beaux morceaux de son poëme. C'est celui où Gabriel et Satan, prêts à fondre l'un sur l'autre, s'arrêtèrent à la vue de la balance qui paraît dans le ciel pour leur annoncer le succès du combat.

« L'Éternel, pour prévenir cette horrible tem-
« pête, leva ses balances d'or, que nous voyons
« encore entre Astrée et le Scorpion, dans les-
« quelles, au moment de la création, il pesa les
« différentes parties de l'univers, et la terre même,
« suspendue au milieu des airs, qui lui servent de

« contre-poids. C'est là qu'il pèse les événements,
« les batailles, et les royaumes. Il mit d'un côté
« les anges de paix, et de l'autre l'esprit de ré-
« volte et de combat. Le dernier vola bientôt, et
« frappa le fléau. A cette vue, Gabriel apostropha
« ainsi le séducteur : Satan, je connais tes forces,
« tu connais les miennes. Nous ne les tenons que
« du ciel; et c'est folie de se glorifier de ce
« qui n'est à nous, qu'autant que Dieu le permet.
« Cependant, les miennes sont en ce moment
« doublées pour te fouler aux pieds comme la
« poussière. Afin de t'en mieux convaincre, regarde
« en haut, et lis ton arrêt dans le signe céleste
« où tu es pesé. Vois ta faiblesse et ton néant. Sa-
« tan leva les yeux, et reconnut, au mouvement fa-
« tal de la balance, sa triste et déplorable desti-
« née. Il céda, il s'enfuit en blasphémant, et avec
« lui s'enfuirent les ombres de la nuit. »

LES BALANCES.

SONGE.

Dans une belle journée d'été, assis sur
un gazon ombragé par un tilleul très touffu,
je lisais le Paradis Perdu de Milton. La chaleur de l'atmosphère, le calme où j'étais,
tout m'invitait au sommeil; je cédai.

Bientôt je rêvai que j'étais dans mon cabinet, assis dans mon fauteuil, ma lampe al-

lumée devant moi. Là, je méditais profondément sur ce passage du Paradis Perdu où
Gabriel et Satan, prêts à fondre l'un sur
l'autre, s'arrêtent à la vue de la balance qui
paraît dans le ciel pour leur annoncer le succès
du combat. Tout à coup, je vis au-dessus de
mon bureau une balance d'or, suspendue à
une chaîne du même métal. Il ne manquait
plus que des poids; et j'en vis tomber un grand
nombre, dont il se forma deux monceaux sur
le bureau, un de chaque côté de la balance.
Ces poids avaient une propriété merveilleuse :
ils faisaient connaître la valeur réelle de tout
ce qui est estimé parmi les hommes. J'en fis
l'épreuve, en mettant le poids de la sagesse
dans un bassin de la balance, et celui de la
richesse dans l'autre. Je connus bientôt le
plus léger ; *la richesse vola en haut, et frappa le fléau.* Il faut observer que les poids ne
montraient leur vraie pesanteur que dans la
balance d'or, en sorte que sans elle il n'était
pas possible de distinguer le plus fort du plus
faible : j'en fis l'expérience; je mis dans un des
bassins un poids où étaient gravés ces mots,
éternité : je mis le temps dans l'autre; et j'y
mis de plus la prospérité, l'affliction, l'abondance, la pauvreté, et je ne sais combien

d'autres poids qui paraissaient forts lourds à la main. Cependant ce bassin si chargé n'ébranla seulement pas l'autre ; et je vis bien qu'il ne l'ébranlerait jamais. Je vidai alors ma balance, et j'y entassai d'un côté des titres, des honneurs, des pompes, des triomphes, et quantité de poids de cette espèce. Dans l'autre je jetai au hasard un petit poids fort brillant qui se trouvra sous ma main. Cette bagatelle pesait seule autant que tout le reste, et les deux bassins se trouvèrent en équilibre. Je pris la petite merveille, et en l'examinant de près j'y lus ce mot gravé sur les bords, *Vanité*. Je fis encore quelques expériences d'équilibre : je trouvai, par exemple, que la pauvreté était égale à l'avarice, le contentement à la richesse, et ainsi de quelques autres. En revanche, je remarquai plusieurs poids dont le volume et la forme étaient les mêmes, ainsi que la pesanteur ; ils se trouvèrent fort inégaux dans la balance. Tels furent la religion et l'hypocrisie, le pédantisme et le savoir, l'esprit et la vivacité, la gravité et la sagesse.

Je fis une attention particulière à un poids dont l'inscription était double. On lisait sur une de ses faces, *dans le langage des hommes :*

11.

CALAMITÉS.]On lisait sur l'autre , *dans le langage des dieux :* BÉNÉDICTIONS. Ce poids fut un de ceux qui firent plus que je ne l'espérais. Il emporta sans peine la santé , le bonheur, l'opulence, et quantité d'autres poids, qui, soupesés à la main, m'avaient paru beaucoup plus forts que le vainqueur.

Je mis dans la balance deux de mes poids, les talents naturels, et les connaissances acquises ; et je vis d'abord que le premier pesait plus que le second. Mais ce ne fut pas tout : j'observai que le plus fort devenait cent fois plus fort encore, quand je mettais le plus foible dans le même bassin, quand je joignais les connaissances acquises aux talents naturels. Il en fut de même de la foi et des bonnes mœurs : prises séparément, les bonnes mœurs pesaient plus que la foi ; et, en y ajoutant la foi, je leur donnai une force infiniment supérieure à leur force naturelle.

Comme il entre de tout dans un rêve, du sérieux et du plaisant, de la raison et de la folie, toutes mes opérations ne furent pas également graves et importantes. Je pesai le talent de deux de nos poëtes tragiques, de deux de nos historiens, et de deux de nos publicistes les plus célèbres. Je voulus en-

suite savoir qui des deux sexes l'emporterait;
mais, comme j'ai mes raisons pour ne me
brouiller avec personne, on trouvera bon
que la décision de la balance soit un secret
entre elle et moi. C'était un instrument si
commode et si sûr que cette balance, que je
ne pus m'empêcher de peser la bonne foi de
deux célébres écrivains dans l'un et l'autre
parti; mais, comme je viens de le dire, je ne
veux point me brouiller avec qui que ce soit :
je demande encore grâce sur cet article; tout
ce que je puis dire aux curieux, c'est que je
lus sur l'un des deux poids le mot TEKEL (1),
on vous a trouvé trop léger.

J'allais encore faire quelques expériences;
mais mon chien, mon fidèle Xury, enten-
dant quelque bruit, se mit à aboyer, et
m'éveilla.

Je fus bien affligé de ne plus trouver ma
balance d'or. Je résolus de ne jamais oublier
la leçon importante qu'elle venait de me
donner, « qu'il ne faut jamais se permettre
d'estimer ou de mépriser les choses sur la
simple apparence; mais que c'est sur leur va-

____

(1) Ou Thécel. Daniel, chap. 5.

kur réelle et intrinsèque que l'on doit régler
toutes ses idées et tous ses sentiments... »

(Spectateur, 9ᵉ discours, t. v, p. 53 et 54;
édit. d'Amsterdam; 1758.)

AMPLIFICATION TRENTE-TROISIÈME.

L'OURAGAN.

L'ouragan, ce vent furieux, est le plus
souvent accompagné de pluie, d'éclairs, de
tonnerre, et quelquefois de tremblements de
terre, et toujours des circonstances les plus
terribles et les plus destructives que les vents
puissent rassembler. Lorsqu'il doit arriver,
l'air devient trouble, le soleil rouge comme
le feu; cependant le temps est calme, le
sommet des montagnes est brillant de clarté.
On entend sous terre et dans les citernes un
bruit sourd, semblable à des vents renfermés.
Le disque des étoiles paraît obscurci par une
vapeur qui les fait paraître plus grandes; la
mer répand une odeur forte, et se soulève
même au milieu du calme. Le vent tourne
subitement de l'est à l'ouest, et souffle avec
violence pendant plusieurs heures. Tout à

coup, au jour vif et brillant de la zone tor-
ride succède une nuit universelle et profonde;
à la parure d'un printemps éternel, la nudité
des plus tristes hivers. Des arbres aussi anciens
que le monde sont déracinés, et disparaissent.
Les édifices les plus solides ne présentent
plus que des décombres. Où l'œil se plaisait
à contempler des coteaux riches et verdoyants
on ne voit plus que des plantations boulever-
sées et des cavernes hideuses. Des infortunés,
dépouillés de tout, pleurent sur les cadavres
de leurs parents, de leurs amis, tandis que
d'autres les cherchent sous des ruines. Le
bruit des eaux, des bois, de la foudre, et
des vents, qui tombent et se brisent contre
les rochers ébranlés et fracassés; les cris des
hommes et les hurlements des animaux em-
portés pêle-mêle dans un tourbillon de sable,
de pierres, et de débris : tout semble annoncer les dernières convulsions et l'agonie
de la nature.

Tel est le spectacle affreux, souvent répété dans le Nouveau-Monde.

AMPLIFICATION TRENTE-QUATRIÈME.

ARGUMENT.

Phénix, gouverneur d'Achille, accompagna ce héros au siége de Troie. Il fut un des trois ambassadeurs qu'Agamemnon députa vers Achille, qui s'était retiré dans sa tente, et refusait de combattre, parce qu'on lui avait enlevé une esclave nommée Briséis (1).

Le discours suivant qu'il prononce est bien convenable à l'orateur qu'Homère fait parler. On y trouve toutes ces allégories et ces fables que les vieillards content si volontiers, et qui sont si propres à l'instruction.

DISCOURS DE PHÉNIX A ACHILLE.

Les dieux se laissent fléchir aux prières; et quand nos crimes les ont irrités, nos vœux et nos sacrifices les apaisent. Sachez, prince, que les Prières sont filles de Jupiter. Elles lèvent sans cesse les yeux au ciel; les desirs inquiets sont peints sur leur visage; les rides sont gravées sur leur front; et à force de s'agenouiller, elles sont devenues boiteuses. Elles marchent comme elles peuvent après la

____

(1) Iliade, 9. — Apollod., 2, c. 7.

la déesse Até (1), dont elles sont les suivantes. La fière Até s'avance d'un air terrible, et parcourt rapidement la terre, frappant sans pitié les enfants des hommes. Elle court, et les Prières la suivent de loin, pour guérir les malheureux qu'elle a blessés. Heureux le mortel qui, se voyant abordé par les filles de Jupiter, leur fait un accueil favorable; elles font descendre sur lui les dons du ciel : mais elles prient leur père de livrer à l'inflexible Até l'orgueilleux ou l'inhumain qui les méprise.

(1) Déesse malfaisante, odieuse aux mortels et aux dieux, dont l'unique occupation était de troubler l'esprit des humains pour les livrer au malheur. Junon ayant trompé Jupiter, en faisant naître Eurysthée avant Hercuie, le dieu tourna son ressentiment contre Até, auteur de tout le mal. Jupiter la saisit par les cheveux, la précipita sur la terre, et fit serment qu'elle ne rentrerait jamais dans les cieux. Depuis ce temps, elle parcourt la terre avec une célérité incroyable, et se plaît dans les injustices et les calamités des mortels. Les Lites ou Prières, ses sœurs, filles de Jupiter, comme elle, la suivent en boitant, et tâchent de réparer les maux qu'elle a faits.

AMPLIFICATION TRENTE-CINQUIÈME.

—

L'HIVER.

L'hiver, vient terminer le cercle varié des saisons ; il arrive triste, sombre, accompagné de sa suite lugubre, les vapeurs, les nuages, et les tempêtes. Le soleil, penché vers les extremités de l'univers, répand à peine un faible jour sur le monde, et darde obliquement ses rayons émoussés dans l'air épais ; enveloppé dans des nuages obscurs, son orbe, faible, pâle, et large, borde le sud et descend aussitôt, livrant à la nuit longue et silencieuse l'univers languissant. Bientôt la neige descend dans l'air tranquille ; elle est d'abord légère et vacillante, elle tombe ensuite plus prompte et plus épaisse, et obscurcit le jour par son flux continuel ; les champs prennent leur robe d'hiver ; tout est éclatant de blancheur.

Les loups, chassés par la famine, se rassemblent par troupes enragées ; ils descendent du haut de ces terribles montagnes dont les Alpes brillantes, les Apennins ondoyants , les Pyrénées , couvrent une si vaste étendue de terrain. Ces loups cruels comme la mort, affamés comme les tombeaux, maigres, hideux, brûlent de verser le sang, et se répandent sur le pays ; ils le parcourent aussi promptement que le vent du nord qui balaie la neige éclatante. Ils s'attachent au coursier , le renversent, le déchirent ; le taureau, malgré ses cornes menaçantes, ne peut faire lâcher prise à ces meurtriers féroces, ardents à la rapine ; ils s'élancent à la gorge de la mère, arrachent l'enfant de ses bras, et le déchirent malgré ses cris ; ni l'aimable enfance, ni la beauté, ne peut les arrêter.

Quand un vent de gelée souffle le soir et s'exhale avec violence vers l'horizon rougi, le ruisseau s'arrête incertain au milieu de son cours : la gelée cède d'abord entraînée par le courant, et à moitié dégagée par le jour ; mais bientôt elle augmente et s'attache sur les bords : elle s'étend peu à peu et forme un pavé de cristal, fortement cimenté par le souffle du ciel, jusqu'à ce qu'enfin la rivière, prise d'un bord à l'autre, gémit dans sa nouvelle prison. Les jeunes gens se livrent à la joie et au plaisir ; ils s'élancent vers la rivière , volent sur des patins , courent en équilibre cintré, et s'exercent de mille manières différentes. L'un imite avec sa canne les mouvements de l'exercice militaire; l'autre, en se dessinant, semble, comme Mercure, s'élancer dans les airs; un troisième avec la pointe de son patin trace légèrement la première lettre d'un nom chéri.

Le soir, le village allume ses feux : c'est là qu'à la ronde on raconte des histoires de spectres bien attestées, bien crues, bien écoutées, jusqu'à ce qu'une horreur superstitieuse saisisse toute l'assemblée; alors on se serre les uns contre les autres.

Souvent on s'exerce à la danse rustique ; la gaieté champêtre règne à grand bruit ; le simple badinage s'empare du cœur de la jeune bergère sensible à la joie. Des jeux divers viennent ensuite. Tout concourt à faire passer gaiement les longues soirées d'hiver.

C'en est fait, l'hiver répand sa dernière obscurité et règne avec terreur sur l'année soumise. Le monde végétal est enseveli, les oiseaux sont muets, l'horreur domine en souveraine sur l'univers désolé. Arrête-toi, mortel livré aux erreurs et aux passions ;

contemple ici le tableau de ta vie passagère, ton automne sombre, âge où tout commence à se faner, et le pâle hiver qui vient enfin terminer et fermer la scène.

Où se perdent maintenant ces rêves de grandeur, ces espérances frivoles de bonheur, ces impatiences pour la renommée, ces soins inquiets, ces jours d'occupations bruyantes, ces nuits passées dans la joie et les festins, ces pensées flottant entre le bien et le mal qui partageaient ta vie ? tout est maintenant évanoui. La vertu seule survit, amie immortelle de l'homme et son guide fidèle vers le bonheur.

(Imité de Thompson.)

AMPLIFICATION TRENTE-SIXIÈME.

THÉODORIC.

PORTRAIT.

Deux ans après la mort d'Attila, Théodoric, de la maison des Amales, naquit (1) sur les bords du lac *Pelso*, dans le voisinage de Carnutum, près du lieu où Marc-Aurèle composa ses méditations. Le jour de sa naissance fut signalé par l'éclat d'une victoire qui assura l'indépendance de la nation (2).

A l'âge de huit ans, Théodoric fut livré par son père Théodomir, pour otage de la paix, à Léon le Thrace, qui venait de succéder à Marcien sur le trône d'Orient.

Dès son arrivée à la cour de Bysance, le jeune Amale se fit remarquer, autant par la régularité de ses traits, et l'agrément de sa figure, que par les qualités morales dont le germe à peine naissant laissait déjà concevoir les plus hautes espérances. Des entretiens familiers avec les professeurs les plus habiles ouvrirent au jeune Théodoric le vaste champ des sciences et des arts; il en négligea peut-être la connaissance pratique (3), mais il en acquit le goût et le jugement. La contrainte que lui imposait son honorable captivité, lui fit prendre, de bonne heure, l'habitude de la retenue et de la modération. En apprenant à se rendre maître de ses passions, Théodoric apprenait en même temps le grand art moral du capitaine, celui de savoir calmer à son gré, selon ses desseins, tant de passions différentes qui agitent une armée, une peuplade, une nation;

et ce fut dans ce tableau vivant d'une cour corrompue qu'il étudia l'art plus difficile encore de connaître les hommes. L'attrait séducteur des plaisirs n'ébranla pas sa fermeté, et le triomphe des vices d'un peuple civilisé ne put séduire la vertu d'un barbare.

Dès qu'il eut atteint l'âge de dix-huit ans, l'empereur le rendit au desir des Ostrogoths, qu'il voulait gagner par sa confiance. Ses farouches sujets admiraient la force, la stature et l'air martial du jeune Théodoric ; ils en concevaient les plus hautes espérances. Avide de gloire et de renommée, il ne tarda pas à leur prouver, qu'appelé par la naissance à hériter du trône il avait hérité de toute la valeur de ses aïeux. Par ses premiers coups d'essai, il étendit la limite de ses états, et agrandit le domaine de sa renommée (4). Lorsque Théodomir cessa de vivre, Théodoric monta du consentement unanime de la nation sur le trône héréditaire des Amales (5).

Le roi des Goths, après avoir livré une foule de combats où il demeura vainqueur, après avoir enfin surmonté tous les obstacles à force d'habileté et de constance, passa les Alpes Juliennes, et déploya, sur les confins de l'Italie, ses invincibles drapeaux. Proclamé roi d'Italie par les Goths, et reconnu par les Romains, après l'aveu tardif de l'empereur d'Orient, il régna, par droit de conquête, des Alpes à l'extrémité de la Calabre. Enfin, il donna des lois, de la Sicile au Danube, et de Sirmium ou Belgrade à l'océan Atlantique; de l'aveu même des Grecs, il régna sur la plus belle portion de l'empire d'Occident, refusa le diadème et les ornements impériaux, par égard pour un préjugé des Romains qui commençait à s'éteindre; mais, avec le titre de roi héréditaire, il s'arrogea tous les droits de la prérogative impériale (6). Ce prince nous offre le rare exemple d'un monarque qui renonça, dans la vigueur de l'âge, à l'éclat des victoires, à l'ambition des conquêtes, pour se consacrer entièrement aux devoirs du gouvernement civil.

Théodoric possédait toutes les qualités qui forment les héros; il aimait les vertus qu'il possédait, et les talents qu'il n'avait pas; il protégea les arts et les encouragea, mais il en dirigea les progrès vers l'utilité publique et la splendeur nationale. Ravenne, Vérone, Pavie, Spolette, Naples, et Rome, s'embelli-

rent d'édifices nouveaux sous son gouvernement; d'anciens monumens furent restaurés;
des bains publics, des portiques, des ponts,
des citadelles, des temples, des palais, des hô-
pitaux, des manufactures, s'élevèrent sur les
différents points du royaume, aux frais du
trésor public, sans augmentation d'impôts,
sans exactions, sans prestations personnelles,
et sans le concours, même volontaire, du crédit et des revenus des citoyens.

La seule exposition de ses édits forme une
lecture intéressante, et donne l'idée la plus
avantageuse du gouvernement de ce prince.
Il fut le premier qui donna aux Goths un
droit écrit, peu différent du droit romain.
Il fit rendre aux églises les terres et les domai-
nes dont elles avaient été dépouillées; il con-
firma leurs immunités. Il attira le commerce
des étrangers, par les faveurs et la protection qu'il leur accorda.

Il n'employa dans les charges de judica-
ture que des hommes d'une sagesse et d'une
intégrité (7) reconnue. Il força les usurpa-
teurs à restituer tous les biens qu'ils avaient
envahis sur les faibles, pendant les troubles
de la guerre. Il réprima la licence des spectacles qui était encore excessive, même après

la naissance du christianisme. Il voulut que les grands et les riches portassent, comme les pauvres, une partie des charges de l'état, et que les sénateurs mêmes né fussent pas exempts des impositions publiques. Il défendit les duels sous des peines très sévères, et tout usage de l'épée contre d'autres ennemis que ceux de la patrie. Il fit distribuer de grandes sommes dans les provinces qui avaient été ravagées pendant la guerre, ou affligées par d'autres calamités. L'agriculture languissante se ranima sous ses auspices, et la fécondité du sol répara bientôt les pertes d'une longue et cruelle dévastation.

Il serait à souhaiter qu'on pût retrancher d'une si belle vie le meurtre d'Odoacre (8), le supplice de Boëce et de Symmaque (9), et quelques autres actions de la même nature, qui n'approchent pas néanmoins des cruautés du triumvirat et des autres crimes d'Auguste. On chercherait en vain des vertus sans faiblesse, surtout parmi les rois qui sont obligés, à tout moment, de voir et d'agir par les yeux et par la main d'autrui (10).

Théodoric, après avoir ravi une couronne à laquelle il n'avait aucun droit, combattu en furieux, fait la paix en hypocrite, et tué son ennemi en perfide, devint tout d'un coup un des plus vertueux et des plus sages monarques dont on ait l'exemple. Ses passions et ses vices ne furent que des maladies de jeunessse. Il s'en vit délivré entièrement, lorsqu'elles furent une fois satisfaites.

Si Théodoric n'avait été qu'un conquérant, quelque éclat qu'eût produit sa valeur, son nom n'exciterait plus que l'admiration stérile de la postérité, et l'histoire de sa vie ne serait que l'histoire de tant d'illustres ambitieux. La renommée qui n'est fondée que sur l'admiration n'excite dans les âges reculés, ni l'émulation des ames vertueuses, ni la vénération de la postérité. La véritable gloire, la gloire réelle et impérissable, est l'approbation unanime des bons, l'éloge incorruptible de ceux qui jugent bien de la vertu, a dit Cicéron. Elle est le résultat combiné de la bienveillance, de l'estime, et de l'admiration. La bienveillance s'obtient par des bienfaits, la sagesse donne l'estime, l'admiration est le fruit des actions éclatantes. L'usage que l'homme extraordinaire aura fait de ses victoires et de ses conquêtes déterminera, dans les âges éloignés, le degré de gloire qu'il aura mérité. Quels que soient les titres pompeux ou les éloges dont ses contemporains ou ses sujets l'auront décoré par crainte, par flatterie, ou par enthousiasme, la postérité impartiale saura distinguer le vrai tribut de la reconnaissance publique rendu à la solide grandeur, des honneurs stériles, et des éloges souvent intéressés décernés à la hardiesse d'un entreprise, à la difficulté du succès, à l'éclat d'une action extraordinaire. Cette gloire vraie et réelle, cette estime que les hommes ont pour un seul sentiment honorable, qui émane de la reconnaissance et de l'admiration ; cette digne et sublime récompense de la véritable grandeur d'ame, qui passe de siècle en siècle, et se perpétue d'âge en âge parmi les nations, est le partage de Théodoric. Ses contemporains lui ont décerné le titre de grand; la postérité le lui a conservé, et, dix siècles après sa mort, les historiens philosophes conviennent encore que ce roi Goth aurait mérité une statue parmi les meilleurs et les plus rares citoyens de Rome (11).

(Extrait de mon Cours d'Histoire de France, considérée sous le rapport de la civilisation et de la biographie; *ouvrage inédit.*)

NOTES.

(1) En 455.

(2) Les fils d'Attila, à la tête des Huns, venaient de faire une irruption soudaine dans les terres de Waldamir. Terreur et fléau des nations, les Huns regardaient les Goths, comme des transfuges de leur domination. Surpris par l'ennemi, l'intrépide Waldamir oppose, à la hâte, une armée composée de guerriers invincibles. Il arrête la marche des Huns, résiste à leurs efforts, les fatigue, les affaiblit, les défait, et force ses féroces rivaux à repasser précipitamment le Danube. Théodomir reçut l'avis du danger qu'il avait couru par l'annonce de la victoire. Elle ajouta un nouvel intérêt à la joie que causait la naissance d'un nouveau rejeton de la famille illustre et révérée des Amales.

(3) Il demeura toujours si étranger aux premiers élémens du savoir, qu'on imagina une marque grossière pour représenter la signature du roi d'Italie, qui ne savait pas écrire. Les quatre premières lettres de son nom (ΘΕΟΔ) étaient gravées sur une planche d'or, percée à jour. On la posait sur le papier, et le roi traînait sa plume sur le bord des lettres. (Amm. Marcel, , p. 722).

(4) Instruit que Babai, roi des Sarmates, enorgueilli de ses succès contre les Romains, avait enlevé à l'empire la ville de Semandrin, et menaçait de propager au loin ses ravages et ses conquêtes, il quitte le camp à l'insu de son père, rassemble un petit nombre d'amis, et à la tête de six mille hommes il descend le Danube, attaque les Sarmates, les défait, tue leur roi, surprend la ville de Siginundum ou Belgrade, s'en empare et revient auprès de son père, chargé des dépouilles de l'ennemi.

(5) Suivant l'usage de la nation, Théodomir avait désigné aux chefs assemblés son fils pour lui succéder.

(6) Auguste cacha l'introduction de la monarchie, et Théodoric avait pour maxime de faire oublier qu'un barbare était sur le trône.

(7) Des juges prévaricateurs payèrent de leur vie le déni ou le retard de justice envers leurs administrés. On vit ce roi juste reprocher amèrement à Théodate des vices qu'il détestait, et décerner un mandat sévère contre Faustus, préfet du prétoire, coupable de concussion et de tyrannie. Le diplome de maître des offices, adressé à Eugenius, personnage illustre, contient cette phrase remarquable du roi d'Italie : « Soyez le temple de l'innocence, le sanctuaire de la tempérance, l'autel de la justice. Que rien de profane n'approche de la pensée d'un juge. Sous un prince pieux, l'exercice de la justice doit être une espèce de sacerdoce. »

(8) Après quelques jours consacrés en apparence aux plaisirs et à l'amitié, Odoacre fut poignardé au milieu d'un banquet solennnel, par la main, ou du moins par l'ordre de son rival. On avait eu soin d'expédier à l'avance des ordres secrets partout ; au même moment et presque sans résistance, les infidèles mercenaires et les Goths proclamèrent le règne de Théodoric avec l'aveu tardif, involontaire et équivoque de l'empereur d'Orient. Pour justifier le meurtre d'Odoacre, on l'accusa, suivant l'usage, d'avoir conspiré ; mais ce traité avantageux que la force ne pouvait accorder avec le dessein d'en remplir les conditions, et que la faiblesse n'aurait pas osé enfreindre, prouve assez son innocence, et le crime de son vainqueur. Il est plus simple d'attribuer la mort du tyran à la jalousie du pouvoir et à la discorde ; et le crime inspirera moins d'horreur, si l'on songe qu'il était nécessaire au bonheur de l'Italie.

(9) Le sénateur Boèce est le dernier des Romains que Caton ou Cicéron eussent reconnu pour leur compatriote. Orphelin dès le berceau, il hérita du patrimoine et des dignités de la famille d'Anicius, nom que les rois et les empereurs de ces temps-là avaient soin de prendre ; et le surnom de Manlius attestait sa descendance véritable ou fabuleuse du consul et du dictateur qui avait chassé les Gaulois du Capitole, et sacrifié ses enfants au bonheur de la république. Boèce, voulant instruire les Latins, soumit son génie à une étude minutieuse des arts de la Grèce ; sa plume infatigable traduisit et éclaircit la géométrie d'Euclide, la musique de Nichomacus, la mécanique d'Archimède, l'astronomie de Ptolomée, la théologie de Platon, et la logique d'Aristote, avec les commentaires de Porphyre. C'est dans sa prison, et en attendant de moment en moment l'arrêt de sa mort, qu'il écrivit *la Consolation de la Philosophie*, ouvrage précieux, digne des loisirs de Platon ou de Cicéron, et auquel la barbarie des temps et la position de l'auteur donnèrent une grande valeur. *Voyez* dans Tiraboschi, t. 3, p. 47, 48, les détails sur la mort de ce philosophe.

(10) Les plus grands hommes, dit Pascal, ont beau s'élever de toute la tête au-dessus de ceux qui les environnnent, ils sont de niveau avec les pieds.

(11) L'humanité est disposée à croire tout ce qui atteste l'empire de la conscience, et le remords des rois ; et la philosophie n'ignore pas que la force d'une imagination troublée, et la faiblesse d'un corps malade, créent quelquefois les plus horribles spectres. Après une vie glorieuse et pleine de vertus, Théodoric descendit au tombeau chargé de honte et de crimes ; le souvenir du passé humiliait son esprit, et les frayeurs de l'avenir l'alarmaient. A la vue d'un gros poisson que l'on servit un

jour sur sa table (*) , il s'écria tout à coup , qu'il apercevait le visage irrité de Symmaque, que ses yeux respiraient la fureur et la vengeance, et que sa bouche armée de longues dents allait le dévorer. Le monarque se retira chez lui sur-le-champ ; et comme il éprouvait le frisson de la fièvre sous un amas de couvertures, il témoigna à son médecin Elpidius , par des mots entrecoupés, combien les meurtres de Boèce et de Symmaque lui donnaient de remords (**). Sa maladie fit des progrès, et, après une dyssenterie qui dura trois jours, il mourut dans le palais de Ravenne, la trente-troisième année de son règne, ou la trente-septième, si l'on compte depuis l'invasion de l'Italie.

(*) Cassiodore. — Procope. — Golh., l. 1 , c. 1. — Sidonius Apol-l'naris (qui a donné le détail de la vie privée de Théodoric, de ses mœurs, et de ses habitudes domestiques.)

(**) Procope aurait dû nous dire *si des bruits populaires l'avaient instruit de cette anecdote curieuse, ou, s'il la tenait du médecin du roi.*

AMPLIFICATION TRENTE-SEPTIÈME.

LES FEMMES AU TRIBUNAL
DE RHADAMANTHE.

SONGE.

Dans une des plus longues soirées d'hiver, je m'amusais à lire les dialogues des morts de Lucien : minuit ayant sonné, je crus qu'il était aussi sage que prudent de ménager mes yeux pour les conserver le plus long-temps possible. Je me couchai, et bientôt le sommeil vint fermer mes yeux fatigués par une longue lecture.

Je crus être descendu dans le vestibule des enfers, où Rhadamanthe, l'un des trois juges, était assis sur son tribunal. L'huissier de l'Élysée se tenait de bout à sa droite, et celui du Tartare à sa gauche. Un des spectateurs me dit que, dans cette séance, on ne jugerait que des femmes, qu'il en venait de débarquer un assez grand nombre, et qu'on allait assigner à ces nouvelles venues les demeures qu'elles méritaient. Je remarquai avec quelque surprise que le juge ne faisait qu'une seule question, et que c'était toujours la même; et il la fit d'abord à tout son auditoire : « A quoi vous êtes-vous occupées ? Qu'avez-vous fait » ? A ce peu de mots, toutes ces dames le regardèrent d'un air interdit, et comme si elles n'eussent su que répondre. Il commença ensuite à les interroger séparément. « Madame, dit-il à la première, vous avez vécu près de cinquante ans. Qu'avez-vous fait dans le monde pendant ce temps-là ? — Ce que j'ai fait, reprit-elle ?

En vérité, je ne le sais pas trop bien : je demande du temps pour y réfléchir ». Après s'être examinée pendant une demi-heure, elle répondit qu'elle avait joué à touts les jeux connus dans la bonne société. Sur sa réponse, Rhadamanthe fit signe à l'huissier du Tartare de mettre cette joueuse en lieu de sûreté. « Et vous, madame, dit-il à une autre dame du même âge, qu'avez-vous fait ? — Pour moi, seigneur, j'ai été fort occupée. J'ai eu procès contre mon tuteur, deux avec mes frères et mes oncles, et quelques autres petits avec mes voisins. — Voilà une belle occupation ! Allez plaider contre Alecton, Tysiphone, et Mégère ». Et l'huissier lui ouvrit la porte des Enfers.

« Et vous, madame, vous dont les yeux ont une langueur si douce; vous aviez, je crois, vingt-quatre ans quand vous êtes descendue ici. — Moi, seigneur, j'ai mené une vie assez douce sur la terre, et les Parques auraient bien dû ne pas tant se presser de trancher le fil de mes jours. Je m'occupais beaucoup de ma toilette, j'assistais à tous les bals, à tous les concerts, enfin à toutes les brillantes réunions. Vous voyez que je n'ai fait de mal à personne. — Fort bien :

voilà ce qui s'appelle employer son temps. Qu'on l'emmène ».

« Et vous, dit Rhadamanthe, à une jeune dame de vingt-huit à trente ans. Qu'avez-vous fait? — J'ai rendu mon nom célèbre ; j'ai fait des vers, des opéras, et des romans. — N'y avait-il pas assez de fous parmi les hommes, répliqua le sévère Rhadamanthe ; ne deviez-vous pas vous occuper de choses plus utiles. Vous étiez épouse et mère ; et, tandis que vous faisiez de mauvais vers, votre ménage allait tout de travers : qu'on emmène cette folle ».

Après cette dame, une autre, dont la physionomie annonçait l'orgueil et même l'aigreur, se présenta hardiment au tribunal; et, quand on lui eut fait la question ordinaire, elle répondit : « J'ai vécu soixante ans dans un monde pervers et corrompu ; j'y voyais de petites créatures si écervelées, si inconséquentes, que j'ai consacré mes dernières années à décrier ces idoles ridicules et leurs coupables adulateurs. En un mot, j'ai dit du mal des méchants pour dégoûter du mal, et pour inspirer le goût de la vertu. — A merveille : mais cette attention vigilante que vous donniez à la conduite des autres, l'aviez-vous sur la vôtre? — En vérité, seigneur, il me fallait tant de temps pour m'instruire des sottises des autres, et les faire connaître, que je n'ai pas eu le loisir de songer à mes imperfections. — Allez rejoindre dans le Tartare toutes les méchantes langues comme la vôtre ».

Rhadamanthe suspendit la séance pour quelques instants.

————

Pendant l'absence du juge, les huissiers eurent beaucoup de peine à obtenir du silence : toutes ces dames parlaient à la fois. Mais bientôt Rhadamanthe reparut sur son tribunal, et tout rentra dans l'ordre le plus parfait.

Il fit approcher une bonne villageoise, âgée de quarante ans à peu près. « Eh bien ! ma bonne, qu'avez-vous fait. — J'ai eu plusieurs filles, monseigneur, je les ai accoutumées de bonne heure au travail; nous avons filé ensemble plus de cinq cents livres de lin; ensuite, je les ai établies, excepté la dernière, que j'ai laissée à mon mari pour gouverner la maison, à présent que je n'y suis plus. Oh ! je puis dire sans vanité que c'est une des meil-

leures ménagères du pays. » Rhadamanthe
sourit de la simplicité de cette bonne femme,
et fit un signe à l'huissier de l'Élysée.

« Et vous, madame, qu'avez-vous fait pendant une vie de trente-cinq ans. — Je vous
proteste, seigneur, que je n'ai point fait de
mal. — Soit. Mais quel bien avez-vous
fait ? » La dame parut embarrassée de cette
dernière question ; et, comme elle ne répondait pas, les deux huissiers la saisirent en
la tirant chacun de son côté. Mais le juge fut
touché de la modestie ingénue qui paraissait
sur sa figure et dans son maintien. Il fit lâcher prise aux contendants ; et il ordonna que
la dame serait mise en séquestre, en attendant une plus ample information. Il se présenta une dame qui n'avait pas moins de
quatre-vingts ans. On lui fit la même question.
« Qu'avez-vous fait pendant une aussi longue
vie. — Hélas ! seigneur, j'ai fait ce que je
n'aurais pas dû faire : mais j'avais bien résolu
de mieux vivre, lorsqu'une mort prématurée
est venue renverser un si louable projet.
— Tant pis, madame, prenez le chemin qu'on
vient de vous montrer. » Rhadamanthe aperçut
dans la foule une femme âgée qui attendait
patiemment son tour ; il la fit approcher.

Elle répondit aux questions accoutumées :
« J'ai été mariée, seigneur, et mon époux,
dans sa décrépitude, m'a été aussi cher qu'à
la fleur de son âge. Le ciel m'a donné des enfants bien nés, qu'il m'a fait la grâce de bien
élever. Ils se font aimer et respecter de tous
ceux qui les connaissent. J'ai vécu dans ma
famille, c'était-là que je trouvais le bonheur.
Enfin, j'ai laissé les affaires en meilleur état
que je ne les ai trouvées. »

Rhadamanthe sentit tout le mérite de cette
petite harangue. Il fit à cette vieille dame un
souris si gracieux, que, sans attendre un ordre
plus exprès, l'huissier de l'Élysée lui présenta la main. Elle la prend, et à l'instant
même ses rides s'effacent, ses yeux brillent
d'un nouveau feu, ses joues se colorent de
l'incarnat le plus vif; on voit paraître la jeunesse dans sa fleur, et la beauté dans tout son
éclat. Ce prodige, opéré par le conducteur des
ombres heureuses, fit une si forte impression sur toutes ces dames, qu'elles se jetèrent
en foule de son côté. Toutes brûlaient de se
voir entre ses mains; c'était un vacarme si
épouvantable, que je m'éveillai.

Après quelques réflexions sur la singularité
de mon rêve, je ne pus m'empêcher de me

faire à moi-même la question et la réponse.
« Qu'as-tu fait dans ce monde ? — J'ai fait
des amplifications pour exercer les jeunes
personnes des deux sexes dans les différents
styles. Si l'on tire de ces amplications le fruit
que je me suis proposé; j'espère que le ciel,
en me jugeant, ne me les imputera point
comme des choses inutiles. » En finissant
celle-ci, j'invite mes lecteurs à faire aussi de
leur côté ce petit examen de conscience, à
s'interroger eux-mêmes, à penser souvent à
ce qui les occupe. Cette pensée sera pour eux
un aiguillon ou un frein salutaire, soit dans
les moments d'oisiveté, soit dans des moments
plus pernicieux encore. Ils s'accoutumeront à
ennoblir par de grands motifs les actions
communes et indifférentes; et ils auront la
force nécessaire pour se soutenir dans la
pratique des devoirs les plus sublimes. En un
mot, ils diminueront de beaucoup la double
faute que l'ame la plus pure se reproche à la
fin de chaque journée, *de n'avoir pas fait
ce qu'elle a dû, et de n'avoir pas fait ce
qu'elle devait faire.*

(Extrait de (1).....)

(1) Je ne puis me rappeler où j'ai pris ce sujet. C'est
plutôt une imitation qu'une traduction de l'auteur
anglais.

AMPLIFICATION TRENTE-HUITIÈME.

LE VILLAGE DÉSERT.

Auburn ! village chéri ! toi qui fus l'ornement de cette plaine riante où la santé et l'abondance encourageaient l'industrie, où le printemps rendait son premier hommage, et que l'été ne quittait qu'à regret ; aimables berceaux d'innocence et de paix, vous fûtes le séjour de mon enfance, de cet âge heureux où les jeux font naître le plaisir. Que de fois j'errai sur ces gazons, contemplant les différents objets qui m'entouraient, et que l'humble félicité embellissait à mes yeux, le paisible hameau, la ferme cultivée, le ruisseau qui ne tarissait jamais, le moulin qui tournait sans cesse, l'église vénérable qui couronnait le côteau voisin, le banc de pierre, ombragé par l'aubépine, asile formé pour le babil de la vieillesse ! Avec quelle joie je voyais arriver les jours de fête où les plaisirs succédaient aux travaux ! Alors, la troupe joyeuse du village se livrait à mille jeux, dont les vieillards, spectateurs attentifs, adjugeaient les prix. Des

tours de force et d'adresse, les ruses, les es-
piègleries, se succédaient sans cesse, et préve-
naient l'ennui. Que ces jeux avaient de charmes pour moi! Je crois voir encore le berger
qui, dans la danse, aspirait à la gloire de fa-
tiguer sa compagne, et l'autre qui, sans se
douter de sa disgrâce, montrait un visage bar-
bouillé de noir, tandis qu'un rire étouffé voltigeait autour du cercle. Village chéri! tels
furent les jeux et les plaisirs qui répandaient
leur influence sur tout ce qui l'habitait. Ces
jeux et ces plaisirs se sont évanouis. Auburn!
tu n'as plus d'attraits : la main de la tyrannie
se manifeste dans tes berceaux; la désolation
attriste ta verdure; un seul seigneur a envahi
tout ton domaine, et la moitié de tes champs
est privée de culture : ton ruisseau limpide ne
réfléchit plus les rayons du jour; ses eaux couvertes de mousse s'efforcent en vain de s'ouvrir un passage ; sur ses rives, le butor, oiseau solitaire, fait entendre ses lugubres accents, et le triste vanneau fatigue les échos de
ses cris monotones. Tes bocages sont dévastés,
l'herbe croît sur tes murs qui s'écroulent, et
tes habitants tremblants s'enfuient loin de la
tyrannie et de toi. Malheur au pays où la richesse s'accumule ! Il fut un temps où le quart

d'un arpent de terrain nourrissait son cultiva-
teur ; un labour léger lui offrait une subsis-
tance frugale, lui fournissait ce que la vie
exige, et rien de plus : ses plus fidèles compagnes étaient étaient l'innocence et la santé ;
son seul trésor était l'ignorance des richesses.
Mais les temps sont changés ; le commerce
avec son cortége impitoyable usurpe les terres, et dépossède les cultivateurs. Sur ces
plaines, jadis parsemées de hameaux, on voit
reposer la lourde richesse et la pompe gênante : elles sont accompagnées de tous les besoins attachés à l'opulence, de tous les tourments dont la folie est tributaire de l'orgueil.
Ces jours fortunés qui s'écoulaient dans l'abondance, ces paisibles desirs qui demandaient
si peu d'espace, ces jeux innocents qui embel-
lissaient le séjour tranquille, égayaient tous
les fronts, et prêtaient à la verdure un éclat
nouveau, loin de nos rivages ingrats, ils cherchent un asile plus heureux ; et la gaieté champêtre et les mœurs rustiques nous abandon-
nent.

Lieux chéris ! lieux qui m'inspiriez le
bonheur ! après une absence de tant d'années,
je reviens enfin vous voir. Quel changement!
Vos champs déserts m'annoncent le pouvoir

d'un tyran : mes pas solitaires ne rencontrent que des ronces et des broussailles ; je m'arrête là où s'élevait le hameau , où croissait l'aubépine. Mon ame s'attriste , mon cœur se gonfle et le souvenir du plaisir devient une peine.

Pendant toutes mes courses dans ce monde de soucis , pendant toutes mes afflictions , — et le ciel m'en a donné ma part , — j'avais toujours espéré de finir ma carrière dans cet humble séjour, d'y ménager le peu qui me restait du flambeau des ans : douce solitude , propice au déclin de la vie ! asile loin des soucis , ne dois-je donc plus vous connaître ! Heureux celui qui, dans une retraite pareille à celle qui m'est ravie , couronne une vie orageuse par le calme de la vieillesse, abandonnant un monde dont les appâts sont trop dangereux , et fuyant des combats où il est si difficile de vaincre. Combien de fois , à l'entrée de la nuit, j'ai écouté, du haut de cette colline, le murmure des villageois , dont les sons mêlés s'adoucissaient en montant ; les accents du berger qui répondait au chant de la laitière ; les mugissements des vaches qui appelaient leurs petits ; les cris des enfants folâtres , sortant de l'école ; l'aboiement du chien vigilant qui s'irritait contre le sifflement des airs. Tous ces sons doucement confus remontaient la colline, et remplissaient les intervalles du chant du rossignol. Ces sons ne se font plus entendre, le tableau riant de la nature animée a disparu ; il ne reste plus que cette pauvre veuve, courbée sous le poids des années : de tous les habitants de la plaine, elle est seule demeurée pour raconter leur triste histoire.

AMPLIFICATION TRENTE-NEUVIÈME.

SUITE DU VILLAGE DÉSERT.

LE BON PASTEUR.

Près de ces arbres où était un jardin qu'annoncent encore quelques fleurs qui poussent parmi les broussailles, s'élevait la simple demeure du pasteur du village. C'était un homme cher à tout le canton, et riche avec quarante livres de rentes. Loin des villes, il coulait sa sainte carrière, sans changer de séjour, sans desir d'en changer. Il n'était pas versé dans

(1) La livre sterling équivaut à 25 fr. de notre monnaie.

l'art de ramper devant la fortune, en ployant sa doctrine au caractère du moment : une autre ambition remplissait son cœur ; son talent était d'enrichir les pauvres, et non de s'enrichir lui-même. Sa maison était connue de tous les malheureux dont la vie errante dépend de la charité d'autrui ; blâmant leur fainéantise, il soulageait leur misère : le vieux mendiant, dont la barbe retombait sur son sein ridé, reparaissait chez lui, et y trouvait l'accueil qu'on fait à un ami après une longue absence ; le prodigue ruiné, oubliant son orgueil, lui demandait un asile à titre de parent, et son titre était reconnu ; le soldat réformé avait une place au coin de son feu, où il montrait ses blessures, racontait ses victoires, et repoussait l'ennemi avec sa béquille.

Se plaisant avec ses convives, et sympatisant avec eux, le bon pasteur oubliait leurs vices en faveur de leurs malheurs : peu soucieux de connaître leur mérite ou leurs défauts, il suivait l'impulsion de la pitié, sans attendre le conseil de la charité. C'est ainsi qu'il mettait sa gloire à soulager l'infortune, et ses faiblesses même penchaient du côté de la vertu. Mais, quand les devoirs de son ministère l'appelaient, inspiré par une plus sainte ardeur, rien ne pouvait ralentir ses veilles, ses larmes, ses prières, sa sensibilité : tel qu'un oiseau qui, par les plus tendres caresses, veut engager ses petits à étendre leurs ailes naissantes, et à s'élever vers les cieux ; de même, il employait toute son éloquence touchante pour attirer l'ame timide vers le séjour du bonheur, dont il montrait le chemin. Près du lit où la tristesse, le péché et la douleur effrayaient tour à tour le malade agonisant, on voyait le pasteur vénérable. A sa voix, le désespoir et la crainte fuyaient loin de l'ame agitée ; la consolation descendait du ciel, le cœur tremblant s'ouvrait à l'espérance, et les derniers accents de la mort murmuraient encore les louanges de l'Éternel.

A l'église, une grâce naïve accompagnait tous ses gestes, tous ses regards ; la vérité acquérait des forces nouvelles en sortant de sa bouche ; et des sots qui étaient venus pour rire restaient pour pleurer. Le service fini, la troupe rustique accourait avec zèle autour de lui ; les enfants même employaient leurs petites ruses, et le tiraient par sa robe pour jouir d'un sourire de l'homme de bien : ce

sourire exprimait l'intérêt d'un père, d'un père
qui partageait leurs plaisirs et leurs peines : sa
tendresse, sa douceur, son cœur, étaient à eux ;
mais toutes ses pensées sérieuses appartenaient
au ciel. C'est ainsi qu'une montagne s'élève
au-dessus de la tempête : les nuages peuvent
se former autour d'elle ; mais sur son sommet
brillant luit un soleil éternel.

AMPLIFICATION QUARANTIÈME.

SUITE DU VILLAGE DÉSERT.

LE MAGISTER.

Au-delà de cette haie de genêts fleuris qui
borde encore le chemin, était la demeure
bruyante du maître d'école du village. C'é-
tait un homme sévère, et son air l'annonçait.
Dès qu'il paraissait le matin, les écoliers trem-
blans savaient lire sur sa figure les désastres
du jour. Ils savaient contrefaire un rire flatteur quand il disait quelque bon mot, car il
en disait par fois ; mais quand il prenait un
air menaçant, il inspirait une frayeur réelle.
Cependant il était bon, et sa sévérité ne venait

que de son amour pour la science. Tout le village faisait foi de son érudition ; car il savait lire, écrire, et chiffrer ; il possédait encore l'art de mesurer les terres, de prédire les marées ; le bruit courait même qu'il savait jauger. Dans la dispute, le curé reconnaissait et redoutait son talent, car quoique vaincu il disputait toujours ; et toujours des mots ronflants, et d'une longueur érudite, étonnaient l'auditoire rustique, qui ne concevait pas comment une seule tête pouvait contenir tant de science.

Mais sa renommée s'est évanouie ; le lieu même où il a triomphé tant de fois est oublié. Près de cette épine qui a remplacé une enseigne faite pour attirer les regards des passants, était un réduit où *la bonne bière mousseuse* inspirait l'allégresse et les propos joyeux du laboureur. Là aussi, sur le soir, s'assemblaient les politiques du village ; et, tout en buvant à la ronde, chacun débitait gravement quelque nouvelle, moins neuve peut-être que sa boisson. Mon imagination se plaît à retracer l'humble magnificence de ce riant séjour ; le mur blanchi, le parquet sablé, la pendule luisante, le meuble artistement fait pour tromper les regards, paraissant une armoire le jour, et devenant un lit la nuit ; les estampes à la fois utiles et agréables ; le noble jeu de l'oie, le damier ; le foyer égayé, pendant l'été, de branches de tremble, de fleurs, et de fenouil ; les tasses de porcelaine rangées par ordre sur la cheminée, et servant, quoique cassées à récréer la vue.

Asile infortuné ! votre splendeur vaine et et passagère, qui donnait à chaque convive une idée de sa propre importance, n'a pu retarder votre chute. Le paysan ne se retirera plus le soir chez vous, pour oublier les travaux du jour ; le fermier n'y débitera plus sa nouvelle ; le barbier n'y racontera plus son histoire ; le bucheron n'y dira plus sa chanson, et le noir forgeron ne s'appuyera plus sur son lourd marteau pour les écouter : on n'y verra plus l'hôte soigneux à faire circuler une liqueur écumante, et pressant la nouvelle mariée de toucher le vase de ses lèvres pour donner l'exemple aux autres.

Bonheur simple ! dont le pauvre jouit, dont le riche se moque, et que l'orgueilleux dédaigne, un seul mot de vos charmes naïfs sympathise plus avec mon cœur que tout le vernis de l'art ! Bonheur vrai, où la nature prend tout son essor, oui, mon ame vous adopte, et reconnaît votre ancien empire ; vous seul pouvez y régner sans bornes et sans contrainte, sans trouble et sans envie. Quelle différence de la pompe fatigante de ces fêtes nocturnes, où l'on voit la richesse travestie sous mille déguisements ; où la joie factice est bientôt suivie par l'ennui ; où, malgré tous les arts seducteurs inventés par le luxe, le cœur méfiant se demande : *est-ce là du plaisir ?*

SUITE DU VILLAGE DÉSERT (1).

Amis de la vérité, hommes d'état, qui voyez augmenter les jouissances du riche et diminuer celles du pauvre, c'est à vous à juger de la différence d'un pays opulent à un pays heureux. La mer enflée s'enorgueillit de porter nos vaisseaux chargés d'or ; la folie les attend sur nos rivages, et pousse des cris de joie en les voyant aborder ; des trésors au-delà de ce que l'avarice même pourrait desirer, viennent nous enrichir ; l'opu-

(1) La suite du *Village désert*, où l'auteur s'élève à de hautes considérations sur le luxe corrupteur, m'a paru trop difficile pour être présentée dans un exercice ; mais j'ai cru que je ne devais rien retrancher de cette charmante production du génie de Goldsmith, l'un des écrivains les plus distingués de l'Angleterre.

lence de l'univers se concentre chez nous....
Cependant, comptez nos gains. Qu'est-ce
que cette richesse ? Un vain nom qui laisse
nos productions utiles telles qu'elles étaient.
Comptez ensuite nos pertes. Voyez l'homme
riche et orgueilleux occuper un espace qui
donnait du pain à tant de pauvres, et qui
suffit à peine à ses eaux, à son parc, à ses
chevaux, à ses équipages, à ses chiens : le
seul vêtement qui enveloppe sa paresse a
consumé les moissons des champs d'alentour;
son château, où régnent des yeux tristes et
solitaires, ne souffre le voisinage d'aucun
hameau; toutes les productions utiles sont
transportées au bout de l'univers, pour être
échangées contre tout le luxe que l'univers
fournit. C'est ainsi que notre pays, brillant
d'un éclat stérile, attend sa chute inévitable.
Tel est le sort d'un pays corrompu par le
luxe : d'abord on y voit régner la belle simplicité de la nature; mais quand il approche
de son déclin, alors les hameaux disparaissent, et le pauvre laboureur conduit sa famille
éplorée loin de ce séjour magnifique, de ce
tombeau fleuri.

Luxe détestable, objet du courroux céleste! est-ce donc par de pareils sacrifices

qu'il faut acheter tes indignes faveurs? Mé-
rites-tu que la paix et l'innocence soient le
prix de tes plaisirs trompeurs, de ton vain
éclat qui produit l'orgueil et la faiblesse?
Fier de sa grandeur impuissante, enivré de
sa richesse idéale, l'état aveugle s'accroît,
s'énerve, et s'écroule enfin sous le poids de sa
masse énorme.

Tel est le malheur qui menace ma patrie.
Que dis-je? la désolation a déjà consommé
la moitié de son ouvrage. Dans ce moment
même, les vertus champêtres nous abandon-
nent; elles descendent vers ce rivage où le
vaisseau déploie ses voiles, qui attendent le
premier souffle d'un vent propice. Je vois
la troupe infortunée se ranger sur la plage;
j'y vois la modeste industrie, l'hospitalité
attentive, la tendresse conjugale; la piété
indulgente, la franche loyauté, l'amour fidèle. Et toi, divine poésie, fille céleste,
qu'on néglige et qu'on décrie; toi, qui m'hu-
milies dans le monde, qui m'enorgueillis
dans la solitude; source de tous mes plaisirs,
de toutes mes peines; puissent tes accens har-
monieux adoucir les rigueurs des climats!
puissent-ils enseigner la vérité aux faibles
mortels, leur apprendre qu'un état soutenu

par ses propres forces, quoique très pauvre, peut être très heureux ; que l'empire
orgueilleux du commerce amène la décadence, comme l'Océan opiniâtre enlève les
digues amollies ; tandis qu'une puissance,
qui dépend d'elle-même, brave les injures
du temps, comme les rochers immobiles ré-
sistent aux efforts des flots et des vents !

(Goldsmith.)

AVERTISSEMENT.

Je termine ce volume par trois sujets présentés
d'une manière différente dans les exercices. Je les
considère, à la vérité, comme des tours de force :
MM. les professeurs en feront tel usage qu'il leur
conviendra.

Si ce livre a le succès que j'ose espérer, je donne-
rai un autre volume, composé de descriptions, discours, portraits, éloges, parallèles, de sujets moraux
et historiques, pris dans nos plus célèbres auteurs
français. Les exercices seront présentés d'une autre
manière.

AMPLIFICATION PREMIÈRE.

TRAIT DE JUSTICE DU CALIFE MOSTANGED.

Le calife Mostanged avait fait mettre en
prison un calomniateur insigne, et promettait

d'en faire un exemple dont ses pareils seraient à jamais effrayés. Un courtisan n'eut
pas honte de s'intéresser en faveur de ce
méchant homme. Il n'épargna, pour le sauver,
ni sollicitations, ni flatteries, ni intrigues. Il
osa même proposer au calife deux mille pièces
d'or, tribut honorable, disait-il, qu'il paye-
rait de bon cœur à la clémence du prince,
si elle daignait... Parlons de ma justice, interrompit Mostanged ; ton protégé mourra.
Mais nous ferons, si tu veux, un autre marché :
livre entre mes mains un scélérat de la même
trempe, et je te fais compter dix mille pièces
d'or.

(Bibliothèque orientale.)

AMPLIFICATION DEUXIÈME.

LE CHÊNE ET LE LIERRE.

Un chêne magnifique, et plus élevé qu'aucun autre arbre, dominait sur toute la forêt.
Un lierre, attaché à lui de tous côtés par la
souplesse de ses embrassements, lui dit : Vous
trouvez vous bien, seigneur, de cette multitude d'arbres qui vous environnent et vous
pressent ; n'êtes-vous pas incommodé de l'om-

pre qu'ils osent jeter sur vous ? Tais-toi, maudit envieux, répond le chêne ; tu es le seul
ici qui m'incommode.

(Traduit de DESBILLONS.).

AMPLIFICATION TROISIÈME.

LE BAS-RELIEF EXPLIQUÉ.
CONTE.

Abdelazis, prince doué de tous les *sentiments* qui caractérisent la vertu, considérant
la *statue* et le *cheval* d'un de ses ancêtres, et
voyant sur le piédestal de cette statue *équestre*
des figures en bronze qui représentaient un
chat, une *tourterelle*, et, dans une cage d'or,
entourée d'une inscription gothique et illisible,
un *oiseau* portant une couronne, assembla
son conseil pour lui demander l'explication
de cet emblème. A peine a-t-il entendu pro-
noncer quelques mots, qu'il s'aperçoit qu'on
le trompe par les allusions les plus flatteuses
et les plus recherchées. Il impose silence : un
bruit confus s'élève, chacun veut lui expliquer différemment ces caractères ; mais il
met le *hola* dans l'assemblée, et fait appeler, pour le consulter, un célèbre philosophe,

retiré depuis long temps dans un hermitage, loin du tumulte des villes, qu'il avait abandonnées pour jamais, et loin des hommes dont il faisait peu de *cas*. Ses principales occupations étaient l'étude de la *musique*, des affaires, et des fleurs. Il chantait des *hymnes* à la gloire de l'Être Suprème ; il l'admirait dans la contemplation de ces globes lumineux dont il mesurait l'étendue ; il le servait, en portant, au pied de ses autels, des bouquets ornés d'œillets, de *tulipes*, et d'immortelles. Au milieu de la *félicité* dont il jouit, on le trouble ; il reçoit les ordres du souverain, et vient en rendre compte : Seigneur, dit-il, voici l'explication que je crois trouver dans ces caractères gothiques.

Le *chat* est l'emblême des courtisans souples et dangereux qui entouraient votre auguste aïeul ; la *tourterelle*, l'image de la *félicité* de son peuple ; *l'oiseau* couronné dans la cage d'or, celle de l'esclavage du prince au milieu des richesses et de la royauté.

A peine eut-il prononcé, que les courtisans s'attendaient à une punition exemplaire ; mais le roi, qui aimait la vérité, pardonna à ceux qui l'avaient trompé, et récompensa le *philosophe*.

FIN DE LA TROISIÈME ET DERNIÈRE PARTIE.

TABLE
DES AMPLIFICATIONS.

TROISIÈME PARTIE.

FIN DE LA TABLE DE LA TROISIÈME ET DERNIÈRE PARTIE.